西方经济社会思想名著译丛 ／韦森 主编

充分就业与自由贸易
Full Employment and Free Trade

〔英〕迈克尔·波兰尼／著

张清津／译

復旦大學 出版社

译丛总序

韦森

  探索中华民族的振兴富强之路,建设一个现代民主法治国家,已成为近代以来无数中国知识分子和社会有识之士长期追寻的一个梦想,亦有无数志士仁人为之付出过艰苦卓绝的努力。通观晚清以来中国社会变迁的过程,可以发现,中国社会现代化的一个主旋律,是思想启蒙和思想解放。这一思想启蒙过程的一个重要组成部分,是中国学界从西方翻译出版了大量包括马克思主义经典著作在内的近现代科学和社会科学的学术思想名著,以至于在某种程度上我们不得不承认,晚清和民国以降中国社会的现代化过程,实际上变成了一个对西方近现代以来的科学和社会科学的某些理论和一些普世价值的转译、继受、改造以及对象化(embodiment)的过程。

  经历了晚清君主立宪、辛亥革命、新中国1949年建立和1978年以来的改革开放,中华民族目前正处在21世纪伟大历史复兴的一个节骨眼上。改革开放以来中国社会的迅速市场化,既为经济增长蕴生了强大的动力,亦带来了诸多社会问题和挑战。未来中国向何处去?《中华人民共和国宪法》第五条所确定的建设一个"法治国家"的社会目标如何实现?在数千年的历史长河中经历了无数次战乱和王朝更替,中华民族如何才能在21世纪型构出一个既能确保经济稳定增长、社会长治久安、人民康乐幸福,又公正和合理的制度安排?这均是当今中国社会所面临的一些重大理论和现实问题。面对这些亟须回答的重大理论和现实问题,一些社会共识正在中国社会各界内部慢慢形成,这其中包括:现代市场经济体系的良序运作需要真正工作的法律制度,而良序运作的法制制度必须要由一个宪政民主的政制框架来支撑。换言之,只有现代市场经济体制与宪政民主政制下的良序法律制度相结合,才会构成一个现代法治社会或言法治国家。

然而,为什么现代市场经济的运作自然要求民主与法治?到底什么才是一个"法治社会"或"法治国"?一个现代法治社会的存在和运作的法理及伦理基础又是什么?要确当认识这些问题,就要求中国学界在当今中国与国际社会互动发展的动态格局中,能明辨出人类社会运行的一些基本法则和人类社会的一些普世价值。要做到这一点,广泛阅读并理解西方近现代以来在各学科内部不断出现和形成的一些经典名著,尤其是在经济学的社会选择理论和福利经济学与伦理学、政治学、法学等相近学科交叉领域中的一些经典文献,是一个必要前提。从这个角度来看,译介国际上已经出版的与这些重大理论问题有关的一些经典文献,无疑是一项基础性的理论工作。

基于上述考虑,笔者和一些学界的朋友、同事、身边的几个学生,与复旦大学出版社的编辑同仁一起,共同策划了这套译丛。我们希望，通过这套丛书的陆续翻译出版，能在译介中汲取并型构思想，在思想中反思现实，进而在东西方文化与思想观念的差异的审视中，以及在东西方社会制度演化变迁的不同路径的比较中，来认识和把握人类社会发展的一般趋势。有了这个宗旨，在选编这套译丛时，我们基本上打破了——或言已超越了——目前已形成的一些现有学科划分的界限，不仅选取了西方一些经济学名家的著作，也选取了国际上法学、伦理学、政治哲学、社会学、人类学、史学等其他学科中一些名家和大师的经典作品。我们希望，通过把这些名著翻译为中文，使国内学界和广大青年学子能对西方近现代和当代的一些著名思想家对现代市场运行的基本条件以及对其政治和法律制度基础的理论阐释有所了解。只有通过这样一些基础性的工作，我们才能较确当地认识一个现代社会的公平、正义、合理和效率原则，才能理解那些确保市场运行和可持续经济成长的法治制度的法理和伦理基础。通过这样一个过程，我们才有可能期望社会各界逐渐形成在未来中国社会发展道路选择上的一些"重叠共识"。

为了达致这一目标，我们把这套丛书设计为一个相对开放的体系：其一，既不囿于某一学科，也不限于任一流派，并对不同学科、不同学术观点、不同政治主张，甚至不同政策见解，完全持一种包容和开放态度；其二，我们会随着对国际上哲学社会科学经典文献认识的增宽和加深，以及随着对国外哲学社会科学新近发展动态的把握，不断把西方学术思想中的一些新的和真正的菁华引介到中文中来，从而期盼未来中国的学术思想界能大致与世界同行同步探索，共同推进人类经济社会思想探索的前沿边界，并为未来中国的经济社会发展，探寻深层的学理和思想基础。

"大学之道,在明明德,在亲民,在止于至善"(《大学》)。在21世纪中华民族伟大复兴的历史契机面前,让我们以一种开放的胸襟、开阔的视野和海纳百川的宽容心态,来广泛汲取人类各文明社会中业已形成并积累发展起来的思想精粹,努力明辨已被世界上绝大多数社会所接受和认同的一些人类社会普世价值,明天道,育新民,开心智,共同呼唤中华民族在21世纪的新思想启蒙和精神复兴。际此,我们由衷地希望,经由复旦大学出版社的这套"西方经济社会思想名著译丛"的出版,能汇集编者、译者和出版者的共同努力,涓滴汇流,增益于未来中国的法治化市场经济体制的型构与建设。

韦森于 2008 年 6 月 12 日晨谨识于复旦园

自 序

所有关于人类意识的伟大思想——比如托尔斯泰——的降临都要经历三个显著的阶段。第一个阶段是:"愚蠢之至,不足挂齿。"第二个阶段是:"这是有悖于道德和宗教的。"第三个阶段是:"妇孺皆知,不值一提。"对很多人来说,凯恩斯主义经济学已经进入了第三个阶段,但对绝大多数人来说,它还处在第一或第二阶段。因此,对于那些抱怨我的书是对一些妇孺皆知的问题喋喋不休的人,我想说的是,它所做的并非是进一步阐述凯恩斯理论,而是要把它转化成常识。化学上的原子理论就是一个类似的案例。它是由约翰·道尔顿(John Dalton)于1809年建立的,随后得到了普遍的认可和应用;今天每一个在校学生都要学习该理论。但是,在它被首次被认可后的大约五十年内,科学家们并不明白这个理论。当1858年坎尼扎罗(Cannizaro)用一种崭新的、更直白的方式(没有添枝加叶)重新阐释该理论时,它才重新吸引了科学家们的眼球。凯恩斯经济学必须变得更直白、更清晰,它才能成为有心人的共同财产。本书的宗旨即在于此,所以它没有多大的原创性；但它也不会仅仅重复凯恩斯这位大人物或任何其他经济学家的既有言语。我努力不失时机地指出我所借用的资料。在几个地方我还删掉了致谢词，因为我拿不准作者是否会认可我对他思想的解读。如果在这件事上我所做的不到家，而我又注意到了，当本书重印时，我将很乐意尽早进行修订。我很遗憾，没能在战争的最后两年，购买到美国人研究这一问题的文献资料。对于经济学家中那些向我提供帮助的朋友，我不胜感激。T. S. Ashton 教授、John Jewkes 教授、J. R. Hicks 教授、Stanley R. Dennison 教授、Lionel Robbins 教授，都在本书出版之前阅读过我的手稿，并向我提出了许多建议。我希望对他们表示感谢；但这并不意味着他们赞同本书的内容：毫无疑问，他们无须如此。我还要感谢 Walter James 先生，他从文学角度对我的手稿作了修改。我还要感谢 Ursula K. Hicks 夫人向我提供了一系列重要数据供我使用，这些数据以表格的形式出现在附录Ⅱ中。在图示方面，R. Jeffryes 做了极其出色的工作。我特别要感谢剑桥大学出版社，他们允许我与我所选择的美术家一起来安排这一事务。我还要感谢 Erika Spitzer 小姐，她在收集统计数据并对其进行阐释方面，给了我有效的帮助，感谢 Olive Davies 小姐从头到尾的秘书工作，包括阅读校样、制作目录。我还想到，是我儿子 George 首先建议我撰写该书，并让我于 1942 年着手此工作，我的妻子和儿子 John 在开始阶段给我的帮助也是弥足珍贵的。

今天，在将手稿交给出版社五个月之后再写这个序言，我有一种极大的紧迫感。在这五个月中，凯恩斯思想传播和影响的进展不大，而欧洲战争的结束很快就会导致失业回潮。美国很可能不会及时采用有效的现代就业政策来避免下一个大萧条,届时将无人能够阻止大萧条吞噬英国和随后吞噬其他所有资本主义国家。

现在看来,是不是稍动脑筋,继之于果断的行动,就能够消除这种灾难——这也许是最后的打击?

目 录

引言 ~001

第一章　充分就业的要素 ~003

● 对货币的理解 / 003　● 货币周期 / 005　● 扩张与收缩 / 006　● 储蓄与储蓄的花费 / 009　● 用于新投资的开支 / 010　● 两个泵 / 011　● 储蓄和投资之间能自动封顶的差距 / 011　● 新投资决定了国民收入 / 012　● Richard Stone 绘制的美国在1929—1941 年的图 / 015　● 预算赤字 / 017　● 公共支出和私人支出比较 / 019　● 更新、折旧费和商业波动 / 020　● 资本饱和 / 022　● 储蓄率 / 023　● 长期萧条 / 024　● 贸易周期 / 024　● 问题总结 / 025　● 充分就业时的缺口 / 026　● 刺激投资？抑制储蓄？/ 027　● 中性原则 / 028　● 用预算赤字填补缺口 / 029　● 什么是贷款？/ 030　● 贫穷的政府借债 / 031　● 为扩张而"借债"/ 034　● 新增货币是否应无限期地发放？/ 038　● 通货膨胀的危险 / 040　● 一个现代预算 / 043　● 一些具体问题 / 045　● 免税 / 049　● 增税 / 050　● 乘数和外贸平衡——重新定义吸入和喷出 / 053　● 作为反例的战时财政 / 054　● 贸易周期政策 / 057　● 总结与展望 / 058

第二章　苏联的充分就业 ~061

● 社会主义是另一种选择 / 061　● 社会主义计划 / 061　● 国家资本主义 / 062　● 第一个五年计划时期 / 063　● 新投资 / 065　● 1932—1940 年 / 067

第三章　为战争而扩张经济 ~072

● 希特勒消除失业 / 073　● 战时就业和战时控制 / 075

第四章　充分就业的内在问题 ~080

● 确定流通水平 / 080　● 扩张与价格上涨 / 080　● 通货膨胀的危险 / 082　● 剩余性失业 / 083　● 影响剩余性失业的因素 / 086　● 萧条区 / 090　● 强制问题 / 091　● 政府经济顾问的新责任 / 094

第五章　充分就业和国际贸易 ~096

● 竞争问题 / 096　● 不同的货币 / 096　● 汇率 / 097　● 支付平衡 / 097　● 国际贷款 / 098　● 国际稳定性 / 099　● 萧条国家 / 099　● 有黄金作保的货币 / 100　● 金本位规则 / 101　● 金本位制下的国际生活 / 103　● 通过充分就业实现自由贸易 / 104　● 就业水平的再调整 / 105　● 世界银行 / 108　● 中间方案 / 110

第六章　现有提案的标准 ~113
- 凯恩斯思想的扩散 / 113　● 当前的建议 / 114　● 英国就业白皮书 / 115
- William Beveridge 爵士论就业 / 122

第七章　总结和更宽广的视野 ~127
- 理论的用途 / 127　● 当前的情况 / 130

附录 ~138
附录Ⅰ ~138
附录Ⅱ ~139
附录Ⅲ ~139

图示目录

图1 货币周期 / 005
图2 扩张与收缩 / 008
图3 1929—1941年美国国民收入与投资示意图 / 016
图4 英国1858—1938年失业趋向图 / 021
图5 1929—1941年美国国民收入图（名义的和实际的）/ 138

引 言

自大约 150 年前的现代资本主义之始,其间几乎所有的工业部门都生产过度这一周而复始的经济萧条之谜就困扰着所有人。社会主义者执著地将这一恼人的现象解释为资本主义制度的固有矛盾,并认为这很快就会导致资本主义的最终灭亡。作为回应,正统的经济学家拒绝相信生产过度的普遍存在,因为这与"萨伊定律"相矛盾。

凯恩斯于 1936 年发现的决定就业水平的机制说明,过度生产的情况实际上是相当普遍的。但他同时证明,这一不幸并不是资本主义所固有的必然性,而是因为这个制度所存在的偶然缺陷。资本主义制度显然是在没有得到恰当理解的情况下发展起来的,而且在其形成过程中,其结构中一个微小但又必不可少的要素被遗漏了。

无论是对资本主义制度的热诚辩护者还是激烈批评者,可能都没能领会到这一要点,这一事实成为历史进程中的趣闻。为什么凯恩斯机理没有在比如说 1800 年——或在 1800 年到 1936 年之间的任何时候——为人们所认识,除了人们还没有聪明到能够看穿他们面前的迷雾这一事实之外,很难找到任何其他的理由来解释。思考需要时间。当然,如果你急切地想得到结果,这一过程就会加快;而且 19 世纪 30 年代的危机注定要加快这一进程。但是事实是,在一个多世纪中,对于这个激烈争辩的重大问题,双方都给出了一个错误的答案,虽然发现真理,如果不是符合两方的利益的话,至少是符合一方利益的。

人类思想的迟缓在很大程度上决定了过去的历史进程,未来似乎亦复如是。我们的命运似乎在很大程度上,取决于我们能够吸收关于某一特定经济过程之性质的一系列现有思想的速度。

这是一种最离奇的、也许是前所未有的情况;凯恩斯理论实际上非常简单这一事实——也许一开始理解起来有点困难,但一旦理解,就很容易掌握和记住——使它更加离奇。它就像一个谜底,一旦你看到它,就不会错过它;一个名副其实的"哥伦布鸡蛋"。

如果一个相当简单的概念仅仅是因为它的新奇就难以理解,一个恰当的讲授方法可能会加速理解。自从凯恩斯理论一出版,我就在寻找这样一种方法,为此我还制作了一个图示影片,在过去的六年中我曾向几乎100个观众亲自放映和解释过。图1(第5页)和图2(第8页)中的图片就来自这部影片①,我对凯恩斯机理的所有解释都是基于我与我的影片观众的经验。在这些场合所作的讨论使我相信,一个普通智力的人,如果对此问题足够有兴趣,在一两个小时之内就能够理解这一机理。因此,我认为,如果尽早积极地传播凯恩斯思想,在不远的将来,将民主讨论过程建立在凯恩斯概念之上是完全可能的。

在过去的15年中,因憎恨漫长的经济萧条而得以强化的资本主义的对立面,是以普遍趋向于"经济计划"的形式出现的。迄今为止,凯恩斯思想反而是被"计划者"所吸收,而受到"反计划者"的忽视甚至激烈的反对。我认为这是因为误解。在凯恩斯理论看来,所有通过调整贸易来消除失业的努力都是徒劳的。只要消除失业的恰当措施尚未为人所知,这种虚妄的办法就难以避免;但是,应用正确的措施和实现充分就业,就能够使其寿终正寝。一个正确的凯恩斯政策,应该能够在一个新的基础上复兴自由竞争和重塑资本主义。

---

① 该影片叫《就业和货币》。在制作过程中,我得到了 Mary Field 小姐、R. Jeffryes 和 J. Jewkes 教授的帮助。关于对它的描述和理论分析,参见《经济研究评论》(*Review of Economic Studies*),Vol. 8. p. 1, 1940。

第一章
充分就业的要素

对货币的理解。过去，由于对货币处理不当曾出现过大的社会问题，更好地理解其功能并将其应用于经济事务管理，就能够在未来避免很多灾难。

需要理解的要点是，所持有的货币，对一个国家和个人来说，并不具有同等的甚至任何类似的价值。个人通过获得金钱可以富裕起来，但获得更多的金钱虽然对一个国家有利，但很难说可以藉此而富裕起来。亚当·斯密在其《国富论》中已经认识到并揭示了这一事实，此后他的学说就被广泛应用于增进文明人类的福祉；但遗憾的是，亚当·斯密仅仅抨击和消除了货币的一种重要缺陷，实际上他的影响导致了他的部分追随者将其他形式的缺陷延续到了今天。

过去的 25 年存在着大量的在处理货币事务上的幻觉和失误。德国的通货膨胀和欧洲大陆的通货膨胀就是恰如其分的例子。只有被蒙蔽的店主们经常接受交换价值快速缩小的货币，通过通货膨胀向政府提供开支的做法才能成为可能；一旦他们认识到这种骗局，他们就会停止向公共部门出售商品并迫使当局稳定货币。这里政府所行的骗局很可能是出于无奈和因为无知。下一章所讲的许多人正乐此不疲地对货币做出不当处理，确定无疑地表明了他们对自己所做的事一无所知。他们人为地调整货币的价值，导致出口急剧下降和商业活动的普遍下滑。法国和意大利在1922年热那亚大会上提出强烈抗议，索要他们的权利并提出将他们的货币从相当于金平价（gold parity）的20%调整到金平价，在今天看来似乎是很荒唐的，因为现在我们看到大多数国家都在努力争取将他们的货币贬值到他们自认为合适的价值；但在20世纪20年代早期，调整本国货币价值通常被看作是使国家富裕和恢复繁荣的手段。在两次世界大战期间通常采用的另一个灾难性的政策，就是以货币的形式来榨取赔款和索取大笔国际债务的偿还款：他们忽略了一个事实，即这需要接收等量的进口。

　　为应付失业而采取的徒劳的、而且通常是执迷不悟的措施，使未来存在着重大货币失误的可能。我们还记得在1930—1932年政府应付大萧条的方式，是削减公共开支或其他通货紧缩措施——今天我们会认为这就像注入了很多毒药；例如在英国，我们可看到这类措施是如何受到热情支持的：爱国民众排着长队提前纳税；他们期望通过支援国库来做有益于国家的事，但实际上使已经危险地处于紧缩状态的货币流通雪上加霜。

　　幸运的是，在过去的25年中，对货币以及恰当处理货币问题的理解已经有了很大的进步。在这一时期的最初，普通民众甚至受过高等教育的人都认为，金属形式的货币有其内在的价值，从未认识到其购买力会大幅度地波动；没有认识到充足的购买力会导致经济繁荣甚至狂热，而购买力不足会使经济陷入瘫痪。他们没有把货币当作一种工具，一种会出错但可以再修正、再调整以适应恰当目标的工具。专业的经济学家对货币事务的理解也不够。我曾经提到的政府愚笨的错误通常会得到经济学家权威人士的坚决支持。但从20世纪30年代初期，经济学开始领悟到一种新的、更开明的观点，在凯恩斯的《就业、利息和货币通论》出版后，它开始大放光芒。今天的经济学家大体都同意凯恩斯的就业理论，普通民众也在快速更新其对货币事务的态度。尽管近来有了很大的进步，但在货币的本质问题上当前流行的观点仍然模糊不清，要为经济扩展的理性政策建立坚实的基础，就需要进一步地澄清当前流行的某些观点。

第一章 充分就业的要素

货币周期。我们不是为钱而需要钱,而是为了钱所购买的东西。人们求钱若渴,但只是为了把它花出去。大多数时间里,货币一直在流动。

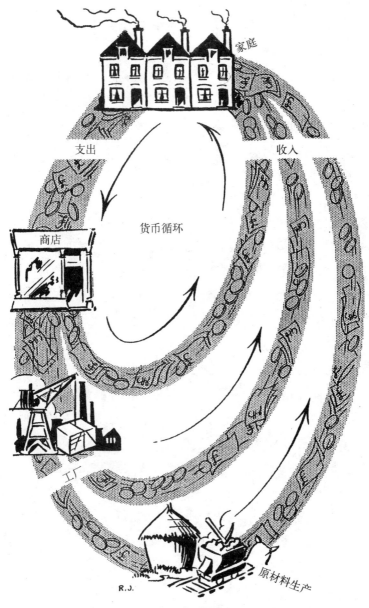

图 1 货币周期

图 1 所表现的就是这个著名的程序。它表明人们是如何揣上钱去市场，并在那里通过购物把钱花掉；然后他们通过在农田、工厂和商业中为生计而奋斗，又开始挣钱。

在零售商店里花掉的钱被从事零售生意以维生的人挣到手后，部分被他们带回家中，剩余部分扩散到制造商手里。当制造商将收入带回家时，他们必须留出足够的钱来支付给原材料供应商。当后者获得收入后，剩余的钱又回到家中等待花钱的人手中。这样一来，周期就完成了。

我们也许疑问，所有这一切都是为了什么，消费者把钱散发出去，生产者又重新把它收回来——这一过程在一个周期中循环不已。本书不会直接回答这一问题；但本书对政府指导经济生活所采取的态度却指出了答案：政府经济管理的可行性遭到全盘否定，因为现代经济生活所包含而且必须包含的循环性交换是如此复杂，如果没有货币作为中介是无法应付的。消费者必须到市场花掉他的钱，这对躲在生产的幕后细心寻觅金钱的生产者来说就是一个信号。因此，花钱的人制约着挣钱的人，后者的生计取决于如何发现货币流通加大的地方，取决于将自己的活动定位于利润日增的行当上，其代价是其他人失去偿还能力。这是处理现代工业生产体系的唯一的方式。

我们的描述因下面的事实而变得非常简单：即假定所有的私人收入**都必须花掉**，而且必须马上花掉，以购买用于个人消费的物品，且假定所有的企业收入款项都必须马上付出，用于支付工资和现有的其他生产成本。这样，所有与私人储蓄和企业投资以及税收和公共支出相关联的事都忽略不计。它也没有纳入国外贸易这一因素，特别是当国外贸易将导致国外支付有一个可度量的平衡时。所有这些将在后面论述。

图 1 中循环的货币流表示的是所有人的总收入，也就是说货币形式的国民收入。基于我们简化的假设，这里的国民收入完全是由用于个人消费的物品构成的。我们需要进一步阐发国民收入这一概念，以使其更贴近现实。

扩张与收缩。只要货币周期能以上述简化的形式得以维持，在商业活动总量上就不会有普遍的衰退，也不会有普遍的变化。所有生产的商品都能够出售。每天在市场上用于采购的钱，刚好能够以一个合理的价格购买社区平均的日生产总量。

这当然不能排斥不同行业的产品生产上的差异，也不能排斥从旧产品生产到新产品生产的变化。这种变化可能对某些被迫停业的个体生产商以及部分被替代的劳动者有重大影响，但不会影响到就业总量。此外，每一次类似的变化都会导致生产技术的进一步发展，或者导致对相应材料和消费者口味的变化情况有一个新的适应。这样，即使用货币来衡量的生产总量保持不变，生产力也会得到持续的改善（或至少保持在条件所允许的范围内）。

假如生产总量正好需要动用全国的劳动力，这种情况足以令人满意。但情况可能不尽如人意。可以推测，某些人可能会失业，而且可能会持续性失业。虽然可能没有商业经营普遍放缓的危险，但也没有通过重新启用尚未利用的生产力来普遍增加就业的希望。

为了描述就业的扩张和收缩，我们需要把我们的研究基础放宽。我们必须考虑，无论什么原因，假如人们增加日常开支将会有什么结果。他们这样做的方式有很多种，我们将在恰当的时候仔细研究这些方式。现在我们假定，无论以什么方式，开支已经增加，显然会产生结果。商店的商品已经卖光了，需求还没有得到满足。储存一售而空，价格和利润趋于上涨，生产立即得到扩展。如果日常开支的增加能够稳定地持续下去，由此而形成的更高水平的流通和生产将会无限期地持续下去。

相反地，通过假定削减日常开支，可以以同样的方式来描述收缩的过程。无论什么原因，如果人们减少日常开支，商店将会发现货架上的商品越积越多，价格和利润趋于降低，生产立刻会得到削减。如果日常开支持续削减，商业活动将保持在低一级的水平上。

通过采用下面简化的象征符号，这些扩张和收缩的过程可以直观地表现出来，讨论起来就更简便。在图2中，有两个方框，分别表示家庭和商业总量。穿越家庭和商业总量的流动环表示货币的流动。当货币环比较窄的时候（萧条），只有部分的家庭和商业被它穿越。只有被穿越的这

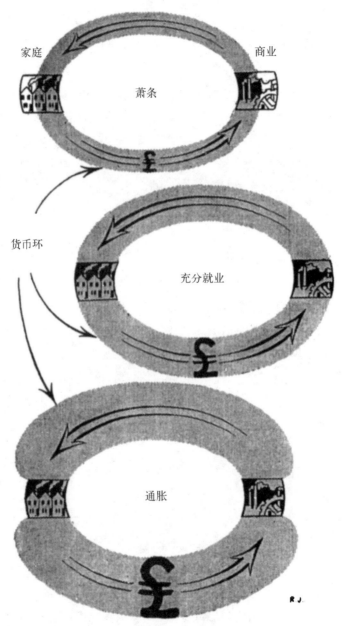

图 2 扩张与收缩

一部分仍在从事生产,而位于货币环之外的部分可能已经脱离于生产过程。位于货币环之外的那部分家庭中的失业人口,所面对的是商业中位于货币环之外的那部分闲置的工厂。

在图2中，就业水平随着货币环的宽度而自动地扩张与收缩。当货币环的宽度正好与表示家庭和商业的方框的宽度相等时，就是充分就业的点（充分就业）。如果货币环的宽度超过了方框的宽度——这种情况很可能发生——就业人数不会进一步增加，所以生产水平也不会有所扩张。在这种情况下，国民收入仅仅在货币意义上增长，而不是在商品意义上增长，其结果就是价格的普遍上涨和通胀（通货膨胀）。

这里要确定的主要概念是货币环的变化决定着就业水平的变化：生产水平随着货币意义上的国民收入的上升和下降而扩张和收缩。在我们有必要对其进行引申和修正之前——这是第四章要做的事，这个基本的景象会产生很多重要的结果。在一个精确的扩张点上实现充分就业的景象，以及超过这个精确扩张点的通货膨胀景象，虽然比较粗略，但对我们很有用，直到我们在第四章对它进行修正。

储蓄与储蓄的花费。一个公民，无论是经商还是仅仅处理自己的私人事务，他有上百条途径来影响货币流通。他每次选择把钱花掉而不是仅仅放在家里——或者恰恰相反——他的选择都会影响到货币的总流通。政府或其他公共机构也一样。他们在征税、筹集贷款、支出公共资金或以某一特定的方式来处理财政事务方面的每一个决策，都会影响到总流通。本书主要是追踪货币被带入流通或退出流通的途径。由于经由这些途径的货币流动对就业的扩张和收缩具有决定性作用，我们的目的就是对其进行控制，以利于就业和生产良性而稳定地扩张。

我们业已指出了能够引起货币收缩的最简单的程序。当消费者将他的收入置之不用，而不是在市场上花掉，他都在一定程度上降低了货币流通。假定有一个挣工资的人，以前有把每周的工资都花光的习惯，现在他决定把比如说10元钱留出来，使它无限期地脱离市场。他的这一行为就从货币环中抽出了一丝——除非在经济系统的其他地方发生了能够抵消其作用的其他独立行为——货币环所表示的收入就永久地降低到了每周减少10元的水平上。

没有花掉的 10 元钱是被锁进了抽屉还是存进了银行,这并不重要。在日常运营中,银行对额外的现金无论怎么处理,其行为都不会影响到有形的货币流通。在这个阶段,我们不必为金钱在哪里或以何种形式留出来的这类问题而费神,因为储蓄实际上就是储存。我们将认为,它在一个叫作银行的地方被储存了起来。

与储蓄相反的事物就是将以前储存的并放入银行的钱再花掉。这部分钱被带入市场并在那里花掉后,会永久地增加货币环。这是一个货币扩张的过程,这种过程在一个不完全就业的国家发生后,将会给这个国家带来就业增长和生产扩张。如果这种扩张发生在一个充分就业的国家,这种额外的流通当然只能导致普遍的价格上涨,总的来说这是有害的。

由此几乎可以断言,节俭是经济繁荣的毒药,而挥霍(如果不太过分)是经济繁荣的救星。但是我们不能根据支离破碎的画面就得出如此草率的结论。在实际生活中,从银行提取私人存款并在市场中花掉,从来没有起到决定性作用。人们通过日日节省而集中储存起来的钱的数量,几乎总是大于另外的人同时从银行提钱并在商店里花掉的数量。在后来的论述中,我们将仅仅考虑这两个过程的平衡,而且我们将认为结余通常发生在储蓄这一边。

用于新投资的开支。如果储蓄过程一直在进行,什么东西阻止它把流通中的货币都抽走呢?答案是,储蓄的作用被投资于新企业的货币抵消了。一旦一个新工厂开工建设,为此需要雇佣工人,而且其他参与这项建设的人将要以各种名义接受金钱报酬,比如工资、利息、租金、利润等。所有这些收入都可以马上用于商场消费,在此阶段我们还没有余暇论及商场中出售的商品。人们因参与建设活动而获得的收入被带入商场,使得正在商场消费的那部分钱有了一个净增加,而且它对市场所起的作用,与从银行提出来的钱在商场消费所起的作用是一样的。

这就是日常平衡储蓄的过程。只要通过储蓄被一天天从流通中移出的货币,被持续流入新企业投资的等量货币所平衡,货币环的宽度将会保持不变。我们将用新投资或投资的名称,来称呼花在新企业建立或旧企业扩大上的货币流。它与现在常用的"投资"这一术语并不吻合;但当我们处理购买政府债券——它通常被包含于"投资"(参见第31—34页)这一术语中,但并不包含在我们所用的投资术语中——问题时,我们将清除在此问题上所可能产生的任何误解。

在后面的广泛讨论中,我们还应该注意到,公共机构不是靠税收,而是靠贷款的现有支出(因此是预算赤字),与用于新投资的支出有同样的作用。我们将看到,预算赤字是因为建设还是因为简单地弥补当前社区生活的需要,在这一点上并不重要。

"投资"和"储蓄"过程的精确含义,将在本章得到进一步阐释。前面那些临时的说法将得到进一步精炼。

两个泵。现在展现在我们面前的图景是,一个稳定的就业水平取决于两个明显独立活动的平衡,即储蓄和投资。这就像两个泵同时作用于货币流通——一个吸泵(储蓄),一个喷泵(投资)——它们通过在不同方向上以相同的速率工作来维持货币流通平衡。不难看出,如果这两个泵工作不同步,就会有扩张和收缩。过度储蓄将会使流通枯竭,使货币环变窄,降低就业并压缩国民生产水平。过度投资将增加流通,使货币环变宽,增加就业并提高国民生产;在达到充分就业后它如果仍然持续下去,它将会引起通货膨胀和货币贬值。

这里我们面对的是对商业波动的发生起主要作用的因素,我们认识到我们的目的是双重性的:对两个泵进行调整使其作用达到平衡,并使其平衡维持在这样一个货币流通水平上,即高到足以保持充分就业,又不会过高从而导致令人讨厌的通胀效应。

储蓄和投资之间能自动封顶的差距。下面的论述包含了凯恩斯经济学的核心原理,虽然与它乍一接触颇觉令人费解,但一旦掌握了它的核心思想,就会觉得非常简单。我们通过询问下面的问题来研究这一思想:如果这两个泵工作节奏失调,它们是否会无限期地吸干——或充胀——货币流通?答案是不会;很快就会有阻力来为这两种趋向设置一个极限。

假定储蓄超过了投资。当随之而来的吸取效应消耗流通量、抑制就业、扼杀生产并降低国民收入时，人们就会减少从日益缩减的收入中所留出来的钱。储蓄降低了，"吸取"作用越来越弱，两个泵工作节奏的差距也会得到降低。只要存在着过度的吸取效应，这个过程就会持续下去。最终，收入被迫降低到这样一个点，即吸取的速率与喷发的速率趋于平等，两者之间的差距逐渐消失。因而可以说，储蓄和投资之间的差距有能力自动封顶。

收入扩张时，自动封顶机制也会自然发生作用。当投资超过储蓄时，流通会增加，就业和生产会上升，国民收入会达到一个更高的水平。由于收入增加，人们会留出更多的钱：吸取的作用会更有效，因而"差距"得以缩小。当前的吸取将会逐渐接近于喷发，两者之间的差距再一次会缩小。

在这一阶段，我们谈论国民收入时，目前我们假定，除了生产之外还包括了投资。建设新工厂应该会产生一部分国民收入，这部分国民收入是本年度财富的总增加量，既包括实际消费的财富，也包括为了在未来获得利益而以新设备（或增加货物储存）的形式储存起来的财富。

上面以货币形式定义的国民收入的波动，通常要大于相应的实际国民收入的波动。其原因是，即使在不充分就业的范围内，在商业恢复时价格也会有所上升，在收缩过程中价格会有所下降（详情见第五章）。自然地，商业扩张一旦达到充分就业的程度，任何国民收入的上升都只能是名义上的，它仅仅表示价格的上涨和通货膨胀增加。

"自动封顶的差距"原理对国民收入所有的扩张和收缩都起作用，而无论它们发生在充分就业水平之上还是之下。自动封顶的过程发生得相当快[①]。由于这一事实，更为经常的情况是，经济学家们没有对这一过程中所包含的时间作出解释，储蓄和投资之间的差距的自动封顶性质也被解释为两者在量上必须恒等。这是一种非常错误的导向且应该极力避免的。

新投资决定了国民收入。如果我们现在就详细了解国民收入随投资流动的变化而变化的方式，所有的这些概念都会变得明确起来。我们先

---

① 关于时间序列的分析，见 R. F. Bretherton, F. A. Burchardt and R. S. G. Rutherford, *Public Investment and the Trade Cycle in Britain* (1941), p. 323.

粗略地进行了解——仅获得一个大致概念——然后再补充细节。

我们假设英国人有将其收入的10%储存起来的习惯,且无论其收入升降他们都坚持这一习惯。我们从一个国民收入较低的30亿英镑、而不是60亿英镑的相当萧条的谷底开始,我们还假定当时处于充分就业状态。那么储蓄将会是每年3亿英镑,而且根据前一部分所得出的结论,我们当然可以假定投资的数量与此相等,即每年3亿英镑。当储蓄和投资失去平衡时,我们看一看会发生什么现象(见表1)。因某种原因,假定投资突然增加了1亿英镑,从而达到了每年4亿英镑。现在就有了1亿英镑的缺口,因为现在投资超过储蓄的数额就是这么多,而且这种"喷发"的结果将会导致国民收入的快速扩张。但是,当收入扩张时,储蓄的额度也会相应地增加,这就为扩张设置了一个限度,这样,在"吸取"的速率赶上"喷发"的速率那个点上,扩张就停止了。按照假定的10%的比率,每年多出来的1亿英镑的额外储蓄,意味着国民收入每年增加了10亿英镑。因此,每年新增加的1亿英镑的投资,将使国民收入从30亿英镑增加到40亿英镑。显然,在此情况下要实现充分就业,就需要在投资量上增加另外的20亿英镑(如果我们能做到的话)。这将把国民收入带到充分就业水平上。如果投资进一步增加,自动封顶的机制仍会起作用,同时货币

表1　假定:储蓄率总是10%,充分就业的国民收入为60亿英镑

(单位:英镑)

		储蓄量	投资	国民收入
1	国民收入起始点为			30亿
	这样储蓄为	3亿		
	一个平衡的投资水平		3亿	
2	将投资提高到		4亿	
	国民收入将提高到			40亿
	这样储蓄将变成	4亿		
	再次平衡投资			
3	投资增加到		6亿	
	这样国民收入将增加到			60亿
	因此储蓄会增加到	6亿		
	再次平衡投资			

流通也会达到一个通胀水平。

上面所描述的这个过程完全是可逆的,这样一来,如果把投资降低到零,根据上面表1,就业和收入也应该降低为零。这个荒诞的结果来自我们不切现实的假定,即无论人们的收入多少,他们总会以10%的比率储蓄。人们的行为完全不是这样的。我们可以另外假定存在着一个收入最低水平,在此水平上,人们将所有挣得的收入全部花光,只有当他们的收入超过这一基本水平后,他们才开始储蓄。我们可以假定,对英国来说,这一基本水平为每年30亿英镑,收入超过该水平后,人们储蓄其所有收入的1/3。也许这一假定离现实不是太远。

像以前那样,如果我们从每年30亿英镑的经济萧条的谷底入手,国民收入、储蓄和投资都应该是零。假定投资以每年1亿英镑的速率启动。在目前情况下,随之而来的扩张会走多远呢?显然,这一次,国民收入每年仅增加3亿英镑,从这个新增额度中,还要以现有的节俭率每年留出1亿英镑的储蓄。为了让国民收入增加到60亿英镑,这次就需要将总投资增加到每年10亿英镑的水平。表2是对这个方案的总结。

表2 假定:国民收入总额为60亿英镑,最低点为30亿英镑,最低水平之上的储蓄率为6先令8便士

(单位:英镑)

	储蓄量	投资	国民收入
从最低水平开始	0	0	30亿
1 开始投资的速率		每年1亿	
然后国民收入升至			33亿
这样储蓄将变为	1亿		
	平衡投资		
2 投资增加到		每年2亿	
然后国民收入将升至			36亿
这样储蓄将变为	2亿		
	再次平衡投资		
3 最后将投资增加到		每年10亿	
然后国民收入将升至			60亿
这样储蓄将变为	10亿		
	记住,永远要平衡投资		

第一章 充分就业的要素

在这个阶段就实现了充分就业。如果投资进一步上升,自动封顶的机制仍会起作用,同时货币流通将达到一个通胀水平。

Richard Stone 绘制的美国在 1929—1941 年的图。要说明凯恩斯主义机制的运行原理,英国不是一个合适的例子,英国详细的流通情况还需要用货币扩张对进出口水平的影响方面的情况来补充,而这方面的情况在后面探讨会更有用。对凯恩斯机制可以通过研究美国 1929—1942 年间的情况而得以确认,而供职于伦敦的中央统计局的 Richard Stone 两年前已经对美国这一时期的情况发表了文章[①]。为了展示这一结果,我们首先必须描绘税收和来自税收的公共支出在货币流通中所起的作用。

政府一般要以税收的形式取走我们收入的一部分,然后代表我们再以公共支出的形式花掉。这部分被花掉的钱,又通过被政府雇用的人以及生产被政府购买的产品的那些人挣钱的方式,重新流淌回家庭。年复一年,金钱就这样以税收的形式被取走,然后又代表我们被花掉。以这种方式所进行的流通,与前面所描述的货币循环并无本质不同。实际上,我们可以把税收看作是我们把政府当作代理人来替我们花掉的个人支出。因此,税收的流通和公共支出,可以包含在图 2 所描绘的货币环中。

在他所研究的那一时期,Stone 先生发现,美国来自税收的公共支出是随私人消费总额有规律地变动的。这种关联以后将对我们有用;眼下,我们需要将来自税收的公共支出和私人消费支出归并在一起,来形成一个消费总额,无论是公共的还是私人的。从这个意义上说,以后我们应当将国民收入定义为消费(包括公共的和私人的)和新增商业投资的总和。在表现美国 1929—1941 年间国民收入变化的图 3 中,国民收入就是这么定义的。

我们可以说,投资包括了建立商品储存。如果在任何一年里储存被清空,那么投资就是负值。同理,如果机器普遍破损——更确切地说——

---

① 参见 Richard Stone, "National Income of the United States", *Econ. J.* 1942, pp. 154—175;以及"National Income in the United Kingdom and the United States of America", *Manchester Statistical Society* (1942)。另见"*Review of Econ. Studies*", Vol. 10, 1942—1943, p. 1。

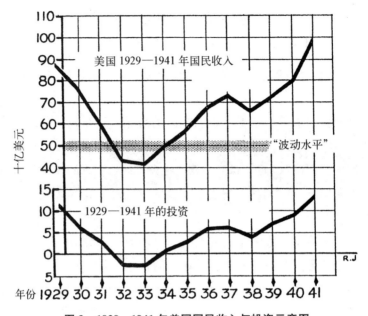

图3　1929—1941年美国国民收入与投资示意图

如果机器的更新程度低于维持现有的资本存量所需要的平均水平,这种更新不足也表示投资是负值(正如超过平均水平被计算为正值一样)。如果在任何一个年份投资总额成为负值,国民收入在总额上将小于年度总消费。在这样的年份中,国家似乎吃掉了部分资本。这就是图3中的1932、1933年所表明的情况。

我们以前说过,预算赤字对货币环的影响和私人投资一样。因此,Stone先生的图3中的"投资"包含了用贷款支付的公共支出总额。此处我们只是顺便提一下这个重要事实,以后还要对其详细论述①。

Stone先生图3中的国民收入显然有大幅度的变动——虽然排除掉价格变动因素后,其变动应该比图中所示小一些(见附录Ⅰ)。从高峰年份1929年开始,我们看到国民收入持续下滑,直到1933年到达最低点。随后四年的持续好转并没能将国民收入带到1929年的水平,而且1937

---

① 图中所谓的"投资",在Stone先生的文章中是属于"净投资和公共当局赤字"这一概念的。

年、1938年又出现了一个新的下降，直到1939年受到英国重整军备的影响才得到扭转。1940年，当美国也开始重整军备时，有了一个急剧的扩张。此后，它朝着持续上升的通胀水平稳步前进。

我们已经说到，在美国大萧条最严重的年份，投资是负值。人们通过从银行提取现金——或者通过把偿还银行的贷款（特别是作为折旧免税额）转化为消费款项，把股票也用于消费。在阅读这个图时，我们应该记住，当前投资总是等于当前储蓄。在图3的下半部分储蓄几乎等于零的那些时期，国民收入大约为500亿美元（见图3的上半部分）。因此，这个数字是美国这一时期的"谷底"。再细查该图可以看出，新增投资几乎引起了国民收入四倍的增长。从表2的情况看，这就意味着高出"谷底"的收入需要储蓄稳定在25％左右。

该图所表现的要点，是投资率的支配性地位。可以说，投资的波动导致国民收入以一定的幅度上升和下降。没有比这个更能够证实凯恩斯的推断了，而远在这种实证经验发生之前，凯恩斯就已经论述了这一功能上的依赖性（functional dependence）。

这并不是在各种水平的国民收入中，收入增长部分的储蓄率（通常称之为"边际储蓄率"）必须保持稳定，但在Stone先生的材料中，很大一个范围的国民收入都大体如此。这里的观点仅仅是每一个水平的收入都对应着相应的储蓄率。但是，储蓄和国民收入之间可观察到的大致比率，使得Stone描述的图示特别引人注目。

预算赤字。上面所引用的投资数目包含了靠贷款支付的政府支出。在1929—1941年间，大约360亿美元，也就是"投资"总额的55％，是政府用贷款支付的投资①。现在我们必须解释，何以投资和政府用贷款支付的支出（预算赤字）加在一起，和把现金投入流通一样，起着同样的作用。

迄今为止，我们把银行假定为安全存放现金的寄存处。银行的情况自然不只如此；它像一个机器一样把钱从一个消费者支付给另一个消费

---

① 见Richard Stone, "National income of the United States", *Econ. J.* 1942, pp. 154—175, 表3/1。

者。存入银行的钱并不像我们以前所假设的那样,退出了流通。事实上,我们可以想象,整个的货币流通被银行内部的信用转账所替代。这与我们前面所论述的观点并无不同,因为它将"货币环"转入了银行内部。如果说人们不是"把钱存进银行",而是让它在银行闲置,才需要重新修正储蓄的情况。因此,这里并没有本质性的变化。

在我们的论述中,通过维持完全以现金形式流通的更加生动的流通图景来简化问题,并假定银行储蓄中有大量的、用之不尽的现金储备供自己支配,因而银行有能力创造信用,就是一件顺理成章的事。这是现实生活的一个很好的写照,因为只要限制银行严格遵守其储备财产的义务,它们就无法使其业务越过界限——无论它们的金库中有多大的款项;另一方面,一旦需要,银行有无限的现金储备可用,可以使中央银行发行纸币作为法定货币。

现在我们来看一看新建企业投资的过程。假定一个私人投资者,无论是动用他自己的储蓄还是通过贷款,从银行提取金钱。如果是第一种情况,银行需要支付现金或现有的储蓄转账;如果是第二种情况,它将产生一个新的信贷或存储,然后再重复第一种情况的业务。新产生的储蓄会导致现金支付还是储蓄转账,对银行来说都没什么差别。当已有理由相信贷款是安全的且能够连本带息偿还时,我们才能沿着这两种方式继续进行。我们可以说,当这一点成立时,无论以哪种方式,投资者手里都有了金钱。当投资者为了新的投资项目支付工资时,这些钱又进入了流通。

我们将用贷款支付的政府支出与这个过程进行对比。首先,政府通过一个新生的"流动债务"(floating debt)而获得了金钱。然后它发行一种证券并把它放到自己的中央银行或商业银行,接收这些债券的银行需要承诺偿还这些债券。在两种情况下,现金都是由发行法定纸币的中央银行提供的,而提供现成的金钱的商业银行只不过走了个程序。它们真正的作用是作为银行家来执行随后的货币交易,以及为政府第二阶段的贷款提供帮助,只有这个过程完成后,借贷才算"落实"了。后一个过程是政府向公众出售债券的过程。债券可能被银行买走,或者由银行出售给公众。在前一种情况下,银行的流动性可能会得到降低,同时向顾客提供信贷的便利性（readiness）也降低了。同理，在第二种情况下，如果顾客将储蓄转化为政府债券，他可能会发现，花掉这些等价物更不方便了，因为他首先需要卖掉他所认购的债券。因此，在这两种情况下，政府都会感到避免通货膨胀（如果这种危险存在的话）的安全性更高了，因为公众的潜在花费能力降低了。

因此，在赤字支出的第一阶段，贷款总额是作为一种新增货币发放的，由政府投入流通，并以此来应付支出。这一过程对总流通所产生的影响，是与等额的商业投资所产生的影响完全一样的。这个扩张效应可能会被下面的融资过程降低，从货币的观点来看，这个过程与赤字的一小部分以后被税收所弥补的过程一般无二。无论在任何特定的情形中都很难确定，通过加强对贷款的控制，因赤字支出所引起的货币扩张在多大程度上被降低了，但这个程度不可能太大。因此，Stone先生下面的观点也许是正确的，即忽略掉这一效应，在货币上，自始至终地将用贷款支付的政府支出与新的商业投资过程等同起来。

公共支出和私人支出比较。 前面我已经说过（第15页），当政府征收税赋并将之用于满足公共需要时，这个过程可以描述为代表民众进行"公共采购"。看待同一过程的另一个方式是，将政府看作店主（通常也是生产商），它们为了获得税收而向公众提供公共服务。

为了预防这一领域当前存在的一个痼疾，虽然这个观点已足够清楚，但仍需要加以强调。我们再强调一遍，公共机构要获得我们的税收，就需要向我们提供某种公用的利益。例如，它们向我们提供教师和公共医疗人员，还要向这些人提供校舍和公共诊所；它们为我们建设道路，还操办外交和国防服务。所有这些好处都是我们通过支付税收购买的，因此，维持这一过程的货币流通也简单地包含在代表现有流通的货币环之中，正如前面我们已经提到的那样。很显然，由此看来，从税收中做何种开支并无差异；不管金钱被花在了当前消费上——比如说失业救济，还是花在了耐用设备的建设上——比如说新道路建设。

前面我已讲过作为"新投资"而用于新工厂建设的支出，并且证明它起到了"喷泵"的作用，这个观点在我们的整个论述中是很重要的。但我总是明确地认为这属于商业过程。金钱被分发给工人或在投资过程中接受报酬的其他人，这些人在投资过程中接受报酬，这些支出可以从新建企业随后的销售中赚回来。事先已经筹集到并用于投资的金钱我们并不追究，就像开支来自税收、企业的产品免费到达用户一样，像政府利用现有财政收入来为公众提供道路、公园和战列舰一样。只有当建设支出作为商业投资的时候，它才有将金钱喷入流通的效应，而来自现有税收的支出没有这样的效应，无论它所资助的建设项目多么持久都是如此。

自然，政府或其他的公共机构可以从事商业性的、至少是半商业性的事业。但届时，任何以这种形式的投资项目都是通过贷款筹集的，而不是来自税收。它们将创造一个即时的财政赤字，这种财政赤字与私人商业投资所产生的"喷发"效应是一样的。对一个公共电厂的建设支出，无论作为"商业投资"还是"用贷款支付的公共支出"，最终的喷发总量都是一样的；我们只需仔细地将它归入这个或那个名目即可。

同时需要牢记，用贷款支付的所有政府支出，无论其用途如何，都与用于商业投资的贷款一样，具有相同的总货币效应。虽然来自税收的支出总是被包含在货币环之内，也就是说，被看作是现有货币流通的构成部分，既不会使现有流通膨胀，也不会使其收缩，但因财政赤字的每一笔支出都应当被看作是一个"喷发"的过程，且能够扩大货币流通——直到其增加效应被私人储蓄的增长所抵消（在下面的第 49—54 页还要对此做进一步的论述）。

更新、折旧费和商业波动。 猛一看，Stone 先生的图（第 16 页的图 3）揭示了两个严重的经济问题。与相应的生产能力得到完全利用相比，在其所考察的 13 年中，生产水平比较低——在大多数时间里都是相当低；而且商业活动发生了剧烈的波动，这对于大量靠做工和经商过活的人来说是极大的焦虑。为了进一步论述这些特征，将工厂、房屋不可避免的关闭和必要的更新过程考虑在内是很有用的。

如果更新总是保持在一个稳定的水平，这个过程可以被完全忽略。

它们可以包含在生产成本之中。这些特殊的成本是由企业经理作为折旧费扣除的特殊基金来支付的,是一个无关紧要的事实,因为平均来说,全国总折旧费正好等于全国总更新成本。以这种方式循环的金钱被包含在货币环所表示的流通之中。

不过,虽然总是存在着一个稳定的更新量,但在此期间更新总支出却在一个不太大的范围内波动。另一方面,折旧费的配置更加稳定,如果折旧费有一个节奏,那这个节奏通常与更新的节奏正好相反。因此,起"喷发泵"作用的更新支出的出现与起"吸取泵"作用的折旧支出的出现之间有一个"空档"。两个泵之间所出现的"空档"通常会根据"空档"形成的性质引起货币环忽宽忽窄。

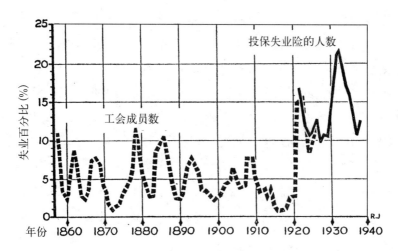

图4 英国1858—1938年失业趋向图

＊1921年前的数据所依据的资料包含了大量的工会会员。1926年之前都包含此类数据。因为在投保失业险的人中有了失业人数,1921年后的指标更完备、可靠。

事件发生的大致过程通常是这样的。假定一系列的新投资曾经创造了大量的各类资本,但现在新投资活动失去了推动力。在这个阶段,利润一般比较高,企业家们都愿意多划拨点折旧基金。另一方面,新资本更新却尚未起步,用于更新的支付也很少。这样就很可能出现一个具有吸取、紧缩特征的缺口。其强烈的紧缩效应可能会导致形势趋于萧条。

假设一个实际的萧条随后发生,而且假定这种情况持续了一段时间。大多数新建工厂要实现"完全折旧"(也就是说,其过去和未来的价值损失能够完全被折旧基金所弥补)都需要足够的时间。另一方面,它会日益感觉到更新的紧迫性。因此,当"吸入"下降时,对于"喷发"的要求增加了并将最终超过前者。两者之间所出现的缺口将可以引发扩张,并刺激整体的经济恢复。

上面两个段落所描述的两个阶段可能会共同构成一个经济周期;这就是对于或多或少有序波动的商业活动的称谓,其波峰以 7—9 年的间隔出现。在 Stone 先生所研究的那段时间,出现了两个波峰,那就是 1929 年和 1937 年。在 1858—1938 年的 80 年间,英国就业数据表明,经济周期以一种相当有规律的方式重复出现(见图 4,第 21 页)。

更新的支出和折旧基金的配置总是能够使表 1 和表 2 所描述的情况复杂化。"自动封顶"的总体机制仍会起作用,且将对于更新支出的扩张效应和折旧指出的收缩效应之间的缺口起调节作用,但这个过程的具体情况并不一定像表 1 和表 2 所描述得那么简单。经济学家迄今为止还没有对因此而导致的偏差进行研究,而且图 3 中所描绘的 Stone 先生的结论与表 2 所描述的情况是如此相似,以至于接受这个简化的图示似乎也没有什么大问题。我们仍会把这个图示作为我们此后论证的基础。

资本饱和。所有人造的重要设备都需要更新和维修。其中很多设备会很快报废,必须经常更新。对于现有的重要设备来说,平均 10 年的更新期限可能不会太离谱。当房屋、工厂、道路、铁路、轮船、港口及其安装和设施日益增多时,保养和更新的负担就会不断增加。社会在这方面所愿意承担的责任有一个限度,因此,社会所期望获得的重要设备的数量也有一个限度。

当前,我们的世界整体来说离资本饱和也许还差得很远。但是有清晰的迹象表明,在高度工业化的西方国家,对更多重要设备的需求正越来越不怎么急迫。部分原因可能是因为人口出生率的下降,在很多地方,人口增长已经停止。

从 Colin Clark 在《经济成长状况》(*The Conditions of Economic Progress*,1940,p.406)一书所收集的数据中可以看出趋近资本饱和的迹象,这本书是关于在不同的历史时期和不同的国家国民收入用于投资的比率的。这些数据表明,尽管在早期,甚至在 19 世纪和 20 世纪初,像英国和美国这样的国家往往将国民收入的 1/6 用于投资,此后这些国家的投资率开始有了稳步下降,达到了 1/14 至 1/20。另一方面,像日本这样处于工业化早期的国家,目前投资率仍稳定在 1/5 以上。我们的经济体系所依赖的、把因储蓄而从流通中吸取的金钱再喷发回去的过程,在现代工业国家有了明显的弱化趋势。对于这一点我们稍后再谈,并研究其可能的结果。

储蓄率。瞄一眼表 1 和表 2(见第 13、14 页),就会看到民众从多余的收入中所形成的储蓄的比率(边际储蓄率)对于我们经济生活的重要性。在表 1 中,我们假定边际出现率为 10%,而且每年 1 亿英镑的新增投资会引起国民收入每年扩张 10 亿英镑;而在表 2 中,根据更切合实际的假设,即边际储蓄率为 33.3%,类似的新增投资只能带来每年 3 亿英镑的扩张。显然,乘数——即按照此前的投资过程所衡量的国民收入的扩张——在第一种情况下是 10,在第二种情况下是 3。而且,它似乎总是"边际储蓄率"的倒数。一个自然的结论是,为了扩张等量的国民收入,要产生任何能够提高这个比率(即节俭率)的作用,都需要动用更大的额外投资。

繁荣就是这样一种作用;它是刺激节俭的强有力的动因。如果人们发现像食品、服装和住房这样的生活必需品供给更充足,他们就更愿意放弃当前的快乐,从而增加他们的安全感。他们会越来越乐于享用这样的快乐:一个银行账户——它可以使你免为明天的困顿而焦虑,也可以使你在未来对那些目前无法知晓或想不到的快乐进行自由选择。Colin Clark 所收集的关于家庭的统计数据[①]清楚地表明了这一点,其中被留出来用作储蓄的部分,从年收入 4 000 美元时的 13%,增加到年收入 8 000

---

① 见《经济成长状况》(*Conditions of Economic Progress*,1940),p.437。

美元时的25%,进而增加到年收入18 000美元时的38%。很多其他的观察数据也证实了这一结论。

据此我们可以肯定地断言,最发达的国家储蓄率也最高,在全球最繁荣的西方高度工业化的国家,其储蓄率会特别高。同样在这些国家,由于资本接近饱和,新增投资率趋于下降,储蓄率很可能会明显趋高(J. M. Keynes)。

长期萧条。一个必然的结论似乎是,我们的经济体系有进入长期失业状态的趋势。新增商业投资紧迫性的降低,加上人们储蓄偏好的日益增长,使得这两个过程之间出现了缺口,只有通过国民收入的稳定降低,这个缺口才会自动闭合(自动封顶)。

显然,如果不了解这个趋势我们就无法规划未来。事实上,有重要的证据证明,这个趋势已经严重影响到了高度工业化的西方国家。Stone先生的研究证明,即使是美国1929年的繁荣——这是我们记忆中的最大的繁荣之一——也远未实现充分就业。英国的情况也类似,根据第21页重做的图表,1858—1919年间保持在5%作用的平均失业率,在1929—1938年间上升到了14%的水平。很明显,在英国和美国,在过去的一段时间里已经出现了一个长期萧条的形势。从这个意义上说,西方资本主义已经进入了一个"收缩阶段"这个常见而又含混的说法,看来是确凿无疑了。

因此,今天,特别是在高度工业化的西方国家,我们的任务并不仅仅限于消除贸易波动,保持平均水平。这个平均水平本身就是不尽如人意的,因此需要在一个很大的范围内对它加以提高。贸易周期政策(即避免经济波动)已经成为次要的事;我们的首要目标已经转化为提高就业的总体水平。一旦发现了扩张就业总量的可靠方法,就不难把它加以变通使用,从而消除贸易水平的大的变动。

贸易周期。正如Stone先生图中的数据所示,趋向于剧烈经济波动的趋势值得我们密切关注。首先,它们的存在限制了补救措施的选择,这些补救措施本可以以足够快的方式得到应用——快到紧随自发波动的发生就可以有效地采用,无论是控制它还是抵消它。

记住下面对这些波动的粗略分析(这是对上面第 21 页所言的引申)是有用的。

在商业活动的总体扩张期间,价格有上升趋势,这种趋势使得对新企业投资看起来有一个盈利的前景。这就会引起更多的新企业投资发生——它将引起额外的货币扩张,其结果是价格还会进一步上升。因此,商业扩张是一个自发加快的过程,它能够在朝繁荣前进的过程中积蓄能量。类似的观点也适用于收缩的过程;不难看到,商业投资活动的每一个失败,都会抑制下一步投资,从而使收缩程度加深。

但是,无论是扩张还是收缩,都不会无限期地走得太远。至于前者,有很多理由——主要与可资利用的现有资源的耗尽有关——可以使扩张过程在某种程度上放缓。阻滞因素一旦生效,收缩力量就会占上风。在经济回升期因建设设备的增加导致的折旧基金的增加,加上更新相对不足(针对紧随一波新建设浪潮之后所期望出现的更新),将会产生一个下降趋势。这种下降趋势将有一段自动加速的过程,但这个过程很难超越所有的新投资都中断的那个点(即"谷底")。

最终在某个低水平上静止下来后,经济体系将经历一个内部成长的过程。折旧开支的逐渐完成会降低商业储蓄的流量。在经济下降迹象初现时要求偿还的对其他债务的支出——这时它可能会引起无清偿能力的企业的破产——也将会结束。同时,所有开工企业的机器更新、各处仓库都重新进货,都会成为燃眉之急。最终会出现这样一种情况:机器更新和仓库备货被积极启动起来;一旦启动起来,将导致新一波的自动加速的商业扩张。

这样,一个新的贸易周期将会再次启动。

问题总结。就目前而言,两种相反的力量作用于我们的经济体系,影响着货币环。当人们为了增加自己的保障而留出一部分收入时,他们从流通中吸取了货币;当商人们为新商店建设和耐用设备而支出时,他们将货币喷入流通。这两个过程同等公正而合理——的确,它们都是不可或缺的。问题是它们取决于两套独立的决策，以及在吸取和喷发这两个相反的过程之间都时常存在着缺口。货币流通的扩张和收缩也因此而生。

这种缺口是自动封顶的。当国民收入扩张和收缩时，储蓄总量也会相应地上升和下降。因此，当投资量较大时，储蓄总是能够紧跟着增加，而投资量较小时，储蓄也能够以收缩来适应。

但是，这个自动封顶过程的实现，是以将就业和国民收入调整到一个可能不尽如人意的水平为代价的。实际上，先进的工业社会都试图将就业调整到低于最高生产能力的水平。

我们的目的应该是阻止这个缺口自动闭合。我们必须人为地来填补这个缺口；并采取补救措施，使国民收入保持在相当于充分就业的水平。

现在我们的任务是详尽论述这个方案。

充分就业时的缺口。首先我们要搞清，填补缺口需要多大的填补量。这里，Stone 先生的研究再一次成为我们论述的有用的基础。

我们可能会问："在 1929—1941 年中的任何一年，为了维持充分就业，美国需要多大的投资？"除非我们搞清楚充分就业的精确意思是什么，以及在充分就业状态下国民收入有多少，否则我们无法回答该问题。如果将来的社会要精确测定它所希望的就业水平，这将是一个很棘手的问题。但眼下我们可以暂时忽略这个复杂问题，因为在选择恰当的就业水平方面无论有多大的困难，我们首先要做的是找到一个措施来摆脱完全不令人满意的就业水平。一个因瘦弱而瘫痪的病人，不能因为他无法确切地知道他应该达到的理想的肥胖程度而推迟治疗。因此，我们应当毫无迟疑地接受 Stone 先生的估计，即在充分就业状态下，在 1929—1941 年美国的国民收入应该达到年均 1 250 亿美元。

接下来从 Stone 先生的图中可以理解到（正如作者自己所做的那样），为了维持这个流通水平，投资量应该达到年均 175 亿美元。或者，换个角度来看，如果美国人在 1929—1941 年要获得年均 1 250 亿美元的收入，他们必须从中留出年均 175 亿美元来。

我们还面临着一个显而易见的事实，即在我们所研究的这一时期，美国的投资者用于新商业企业的投资在任何时候都没有达到年均175亿美元。的确,一个较高的流通水平其本身也会刺激商业投资,如果在我们所研究的这个时期能够达到一个饱和的流通水平,投资率有可能提高到另外一个不可持续的水平。但现在,我们仍然有理由假定,即使某种强劲的扩张主义行为(例如,大量的政府赤字支出)已经提高了流通水平,并使其保持在年均1 250亿美元的水平,商业投资率也不会赶上储蓄。两者之间将出现一个大的缺口。

现在维持充分就业的问题可以看作是填补这一缺口。换句话说:要实现充分就业,必须填补充分就业时的缺口——当维持全流通时储蓄超过新商业投资的差距。

刺激投资？抑制储蓄？面对着这些问题,很多人毫不迟疑地提出了某些补救措施。

如果高私人投资率能够保障充分就业,我们就应该鼓励这种投资。例如,我们可以降低利率,减免将利润重新投资的税收。我们甚至可以考虑对于新工厂建设提供政府贷款或补贴,并通过关税和营销计划向它们提供保护。

要不然,我们为什么不能降低储蓄率呢？我们可以对未分配的商业利润课税,或对于将其大部分收入储蓄起来的富人课以重税,以有利于储蓄较少的穷人。

采用这些措施不一定仅出于货币考虑。也许有人会说,私人投资者对于国家工业设备的增加值是不足的,私人投资的增加就能够保证更大的繁荣。为社会公平起见,人们普遍呼吁通过税收来实施收入平均化的政策。而在就业政策方面,对于这种主张和动机应完全不予理睬。当然,实行增加私人投资或收入平均化(就其本身来说是公正的)政策,将起到增加货币流通的作用,这种看法并无不妥。但因为货币原因来提倡这样一种政策,只能意味着必须超过以另一种方式对它施加的限制才能够实现。换言之,如果你以这些措施能够增加货币流通为理由来倡导增加私人投资的政策,那这种建议无异于在明言:商业企业的建立和新机器的安装都应该在下列情况下进行,即如果不这样做就是不合理的,主要原因是这样做可以将金钱带入流通。基于就业政策而提倡的收入均等化政策应该这样表述:收入均等化并不应仅仅限于看起来是公正的,为了把金钱交到那些更愿意花钱的人的手中这个主要目的,也是合理的。

在某些人们提议的就业立法案例中,这种态度实际上已经被公开采用。当1937年罗斯福总统对未分配的利润施加特别税收时,或者当1944年约翰·安德森(John Anderson)爵士在其预算报告中否决了对这些利润减税,而同时承诺对于再投资于新设备的资金减免20%税收时,这些措施都是基于货币方面的考虑。没有人试图否认,他们应该促使商人们以慎重、明智的方式经营。

对于此类政策我一律反对。我认为,为了将金钱注入流通,就要牺牲现实的财富或任何实际的利益,并不惜承担任何的负担,是不合理的。我希望我能够清楚地表明,我并不反对根据其自身价值而采取的那些措施。但我反对任何为了填补货币环中的缺口而蓄意误导人类或人类关系的做法。我确信——以后我将以各种案例来更加完整地论述——这种政策的错乱很快就会为人们所普遍认识,人们对它的愤恨一点也不比它所要补救的失业之害少。我还相信,对几乎任何的经济交易的干预都是正当的(如果它对货币流通没有影响,没有一个是正当的)这种看法所引起的混乱,会纵容普遍的幕后操作,并导致公共事务陷入混乱和腐败。所有这些将在第六章有更完整的论述。

中性原则。现在我要以一种更确凿的方式来简要阐述我的态度。我认为在没有任何实际损失的情况下来补救一个有缺陷的货币流通并非难事。在充分就业的情况下来处理社会事务,会遇到大量的难题。这些棘手问题可以看作是充分就业的成本。但为了创造足够的流通所采用的程序不应该导致这种物质损失。它应当也能够以一种中性的形式来实行,也就是说,这种形式不需要重大的实质性的经济或社会行动相伴随。也许本书的主要目的就是阐述这个"中性原则",并对于偏离这个原则所导致的风险提出警告。

用预算赤字填补缺口。我的建议是,政府应该用贷款支付的支出来填补"缺口"。换言之,政府应该保持一个预算赤字,其量值应等于新商业投资的流量与全流通时储蓄量之间的差额。

前面我们已经证明,预算赤字所产生的货币效应,与新的私人投资所产生的货币效应是完全一样的;因此,我们可以假定,该措施一旦付诸实施,将是完全有效的。但它能够付诸实施吗?即使能够付诸实施,它能够按照"中性原则"——也就是说没有招致实际的损失——实施吗?

对于该问题,答案显然是肯定的。假定正常的公共支出率等于甚至超过填补全流通时的缺口所需要的货币量,这自然会足以引发必要数额的预算赤字,而同时却没有招致实际的损失。因而,第一个问题是:正常的公共支出率是否等于或超过全流通时的缺口呢?

让我们先来研究一下 Stone 先生所研究的那个时期的美国的情形。他估计那一时期的全流通将达到 1 250 亿美元,其中 175 亿美元将用于储蓄。我们当然不知道缺口有多大,因为我们不知道在全流通情况下新商业投资会有多大。但可以肯定的是,在这种有利的经济形势下,私人投资肯定不会低于,甚至有可能高于 1929 年繁荣年份的数额,当时的数额为 94 亿美元[①]。在此情况下,缺口最多可能是 81 亿美元,甚至可能会更少。这相当于当前需要执行的公共支出率——完全是根据其本身的价值,而不考虑将金钱吸入流通的愿望。再一次,我们无法准确地说出,在全流通的状态下,美国人会留出多少用来满足公共愿望;但我们可以假定,相对于当时普遍存在的或多或少的萧条景象,(在全流通状态下)他们会感到有更大的支付能力来满足公共愿望。有人可能会走得更远,他甚至认为,根据 Stone 先生的资料,在总流通和公共支出率之间存在着一个简单的比例;根据这个比例可以得出如下结论:如果全流通在 1929—1941 年实现,期间的公共支出不能少于 250 亿美元。但沿着这种思路上进行缜密推敲是没有必要的。1939 年所达到的数额是 145 亿美元,虽然

---

① 见 Richard Stone, "National Income of the United States", *Econ. J.* 1942, pp. 154—175。

不存在全流通,但这一事实足以证明,利用其本身价值而做出的公共支出的额度已经大大超过了全流通时的缺口。

根据普通的经验,显而易见的是,在现代工业国家,这一说法普遍成立。毋庸置疑,任何试图通过预算赤字来支持其全部的日常公共支出的国家,都会无一例外地引发剧烈的通货膨胀;因此,也总是存在着这样一种可能性,即预算赤字规模不会太大,从而既能恢复全流通,又不会引起通货膨胀。

(此类政策将在后面详细论述(见第 45—49 页)。)

什么是贷款?前面我几次提到,预算赤字的资金来源一般是通过借债。要理性地处理货币事务,清醒地认识到这种贷款的性质是无比重要的。因此,我将简要介绍私人生活和公共生活中筹措贷款的各种形式。

我们的经济制度是建立在这样一个事实之上的,即除非你有钱,否则你就要挨饿。因此,除了富豪之外,我们都必须工作,生产能够换来金钱的东西。这是工业发展的驱动力。

如果人们能够自己印刷纸币,并用它在市场上采购,这个制度就失效了,因此,私人印刷纸币会因伪造罪而受到惩罚。但有时候,当人们还没有挣到钱来付账时,就让他们从市场上得到商品是一件好事。当他们作为投资人时,情况就是这样。这样就应该允许他们先耗费商品,然后再用获取的利润来支付欠款。因此,一般地说,不应反对私人因商业投资目的而创造金钱。银行可以授予投资人以信用,他可以以此来付账,这种信用事实上在货币流通总量之上又有了额外的增加。

这种做法之所以被许可,是因为对于投资人获得的这部分钱,有严格的禁令来禁止他用于购买个人享用的东西,而是必须完全用于建设,然后他用建设的收益连本带息一块还钱。

为了保证他将投资资源用于最好的经济目的,投资人受到严厉的束缚,他必须证明,他生产的产品在市场上有利可图。因此,无论用于投资的金钱最初是否是投资人的财产,对于商业投资过程的经济运行来说,重要的是他必须将这笔钱当作贷款,最终是要连本带息归还的。

在某些情况下,公共借债与私人借债极其相似。当公共机构从事商业企业建设时,例如建设铁路和邮局,情况就更是如此。其他半商业性的投资,情况也类似,例如利用贷款来建设供水系统,然后用以税费形式征收的税收来还贷。只要这种借债符合连本带息(例如对投资贷款所获利息)还款的条件,就是合理的。放宽这一规则通常也是合理的,例如公共利益需求也许需要某种公共企业持续经营,而无论其能否不断证明其盈利与否;这可以理解为,公共机构通常会承担此类具有重要社会意义、而又需要持续运行的企业的投资,尽管它们可能暂时无法通过销售其产品而盈利。

但是,如果暂时把投资的"社会回报"放在一边,我们可以将私人的和公共的借债、投资、偿还的机制总结如下:信用工具能够使私人或公共机构获得不属于他们的资源,然后让他们将这些资源用于建设目的,但他们必须清楚地了解,他们应当利用企业经营的收益,等值地或超值地归还这些资源;对投资资源进行评估的同一个独立机构需要对这些收益进行评估,这个机构就是公开市场的管理机构。

贫穷的政府借债。 在很多公共借债的情况中,这个机制的某些部分是无效的,因此,借债过程也就变得不太明确。当公共借债是为了扩张货币环的时候,情况就是这样,在这种情况下,使用"借债"这个词实际上成了一种彻头彻尾的误称,具有严重的误导作用。但在论述这后一种情况(这是本书的主要目标之一)之前,对公共借债的其他形式作一简要说明是有用的,这些形式的借债即使数量大大减少,但其借贷过程仍可以称得上是借债。

当一个国家到国外举债时,商业用途之外的公共借债,其主要特征与真正的借债——即私人借债——是极其相似的。假定某个国家在战时用国外借款来弥补部分军费支出,就像英国战时从加拿大进口军火一样。在这个过程中,英国消耗了并不属于她的资源,而且这些资源的使用目的和新商业企业建设的目的是类似的。她可以说建设一个大坝是为了防止侵略。但这种将其比作一般投资方式的比拟不能滥用。加入战争不会产生收益，并以此来还本付息。归还此类贷款的义务并不能保证所借款项用于商业用途。因为战争的成果是不能在市场上出售的，它只能以公共舆论来评价。这样，由于公共舆论参与了国家治理（也可能是国家决定加入战争并以国外借债来弥补战争开支的主要原因），就好像是"投资人"本人来评估其企业经营结果一样。在这种情况下，债务需要连本带息一块归还，以履行获得借款时所承诺的条件。这种承诺的履行可以看作是对政府不负责任的国外借贷的一种遏制；除此之外，它没有任何经济功效。

当借债用于筹集国内公共贷款时，这个术语就与其通常的意思相去更远。在这种情况下——与国外借债相区别——政府试图获得的资源处于其自己的管辖范围之内。建设大坝、修建公路系统、发动耗费巨大的战争等诸如此类的公共决策无疑意味着：该国拿出自己的部分资源用于满足公共需求。为了从事此类事业，政府何以要举债呢？在这种情况下借债方式意味着什么呢？

答案可以通过回答一系列问题来得到。

第一个问题：为什么政府不直接取得它所需要的资源，却还要费力地找钱付费呢？答案是，因为只有这样它才能利用市场，以最低廉的方式来达到目的。此外，只有以金钱的量度来算出各项支出，国家才能将这些支出项目进行相互比较，并将公共支出总值与个人消费总值进行比较。

第二个问题：有什么理由不以税收的形式来筹集这些款项呢？以贷款来筹资的方式是否能够使支出延续好几年呢？答案是，一个数额巨大的公共支出，只有当工程实际实施时才会发生。延期只有在下列相对较小的范围内才可能发生，即现有储存即将被耗尽或者现有的停止运转的机器没有得到维修，此类对现有资本的消耗稍后才能得到更替。不过，这种政府贷款的筹集的确起到了在当前和未来之间进行调节的作用，正像在人与人之间的调节那样。战时一个储蓄存单的购买人的确将一定的购买力带离市场，虽然其他的公民可能会到市场上花掉他所有的收入。前者导致了一个有利于后者的暂时的牺牲（sacrifice），他可能会要求在未来进行重新调整（readjustment）。他所获得的政府债券，使他能够藉此要求从未来的税收收入中进行重新调整。这种筹集政府贷款的方式及其偿还，可以很方便地使人们在人与人之间调整他所期望承担那份共同牺牲（common sacrifice）的时间。

（接着我们可能会问）政府用贷款来支付战争或大型公共工程的成本，其理由是否合理呢？是的，在一定程度上是这样。如果政府不想立刻征税，或者在战争期间不得不增加支出，却又没有时间通过征税来增加收入，它将通过借钱来填补缺口，并把最初的负担——至少在某种程度上是——施加在政府贷款认购者身上，并向他们保证他们有权以后要求偿还。

但政府为什么会如此费心呢？由于它有权（我们需要假定它是这样的）为了国家目的从全国攫取一定比例的财富，为什么它不通过印刷所需要的钞票，来购买所需要的资源呢？

对后一个问题的回答必须详细论述。首先我们看到，一开始政府通常正是这么做的。如果它发现自己无法通过现有赋税收入来满足合法的支出，实际上它会命令中央银行来发行所需要的货币。银行会接到一个政府承诺会尽早还款的凭证。这叫作"短期借债"，所发行的款项称为"流动债务"。

按照理性的处事方式，下一步应取决于就业状态。如果存在着普遍失业，通过增发货币而带入流通的额外金钱的扩张效应起到提高就业水平的令人愉快的作用。在这种情况下——正如在下一部分我所要倾尽全力加以强调的——偿还金钱的承诺是与常识相悖的。将"借债"这一说法用于发行货币是误导性的，它还带有一些极其有害的含义。

但是，假定我们的货币运作是在饱和甚至超全流通和充分就业的情况下实施的——像在战争期间那样。在那种情况下，政府自然必须通过尽早增加税收来平衡新增的金钱问题，并用从中获得的收益来偿还流动债务。另外，它或者可以通过努力"巩固"（consolidate）债务而走一条阻力较小的路子。它可以号召公众来认购政府债券，并将其加入到长期公共债务中。它可以利用借贷获得的收益来偿还流动债务。

因此，在流动债务上所使用的"借债"这个术语，可以用来描述这样一个事实，即当政府不得不在全流通的状态下发行货币，它就有义务尽早从流通中再次撤出相同的额度。当使用于长期债务时，这个术语的意思就有点含糊了。公众可能利用闲散的现金存款来认购政府债券，而这些闲钱是其主人本来不想花掉的。在这种情况下,政府从认购贷款中一无所获,因为这个过程并未抵消因"短期借债"而导致的货币扩张。当然,另一方面,如果人们以政府债券的形式把他们的现金固定下来,某些人,在某种程度上可以说是大多数人,都会减少花费;而且政府还会感到,这可以使它——至少在某种程度上——防止未来支出的大爆发。贷款的认购者所接受的限制,的确可能使政府在不会引起流通水平反弹增加的情况下发行更多的金钱;从这种意义上说,认购者可以说是借钱给政府。

至此,我们可以将我们对政府所做的国内贷款的分析总结如下。

用恰当的话来说,(恰当是指将谨慎、远见、扎实等商业准则恰当地与行动相结合。)借债所表示的是这样一个过程,即投资人使自己获得了一批属于别人的财富,同时承诺利用拟新建企业所获得的可交易的收益,连本带息一块偿还这批财富。当政府因公共(而非商业)目的而"借债",整个过程中这些因素都不会出现。它所攫取的财富是属于它自己的——它有合法的权力来利用这些财富;它也没有义务通过市场手段来偿还和盈利,它只需将所获得的资源用于公众所赞同的国家利益。整个过程的主要目的,就是提供金钱来支付某种合法的开支,而这些开支是无法靠现有的收入来提供的。如果在萧条流通状态下采用这一程序,认为这将会导致借债行为的说法显然是不明智的,因为这时将所发行的货币从流通中取出是不理想的。但如果这个程序发生在全流通状态,从流通中取出这些货币就越早越好,正是在这种意义上,"借债"一词才适用于政府发行货币的行为。如果政府通过将政府债券发放给公众而巩固流动债务,它的确在某种程度上会减少货币流通或潜在的货币流通。至此,这种运作的确是一个借债过程,其中贷款认购者将钱借给了非认购者,并有权从未来的税收中获得偿还和补偿,而由此导致的未来税收负担主要落在后者身上。

为扩张而"借债"。我们终于要开始讨论这一核心观点,以前对借贷的研究也意在于此。我已经以预讲的方式不厌其烦地提到了这个观点,以后我还要进一步强调;也就是说,由于流通不足而导致就业萧条,政府通过增发货币来弥补其部分支出,以补足流通,恢复就业,这个过程不能看作是一个借债过程；相反，这种做法应该被看作是一个地道的金融行为，政府暂时以此来履行其作为货币流通水平卫士的职责。由于这一观点注定要在大量民众之中引起深深的恐惧，再次详尽地研讨整个问题，并将我们先前对各种贷款的研究结论来回答这些问题，似乎是有好处的。

我们先从商业萧条状态开始。货币环（见图2）没有宽到覆盖全部人口；部分人口处于失业状态，某些工厂停工。我们的任务是通过将货币环扩展到全流通而消除这一反常现象。我曾提出，政府应该减免税收，并制造一个额度相当于全流通时缺口的预算赤字，中央银行根据计划中的赤字额度发行必要的货币，用这些货币来弥补正常的公共支出。

我们知道这些增发的货币所发生的情况。它是用来弥补全流通时的缺口的：即全流通时的私人储蓄超过新增私人投资的差异。中央银行所发行的这些货币进入了流通，补充了流量；当然，其中一部分又马上撤出流通，用于商业企业储备和私人的现金储备。这些货币完全是因理性而留存的并将用于理性用途。

在此情况下，政府"借钱"的说法由何而来呢？承担金融负担和因此而产生的利息的说法由何而来呢？资金充实的金融规定应通过确认这些负担而得到遵守的警告由何而来呢？

这些想法显然起源于这样一个事实，即政府需要时会印发钞票，尽管它藉此会对已经充盈的流通起到助推作用，以及在这种情况下它不得不尽其所能地尽快将这些钱再次撤出（也就是偿还）。的确，一个弱小政府可以会忽视纳税人的情感，持续地通过印发钞票来弥补其支出。这种带来灾难性后果的放纵行为以前已不止一次地发生过，因此，密切监督政府的货币发行情况，以防止此类事情的发生也合情合理的。即使在这种情况下，如果让政府以私人投资者的身份来负责对银行的贷款，也不是一种恰当的控制方式——因为政府所承担的防止引起过度流通的义务，与企业家所负有的保证投资产生收益的责任是不一样的：除了贫穷的政府和商人都不得不偿还他们所使用的金钱这一点之外，两者实际上毫无共同之处。但无论如何，因政府将增发的钞票投入流通而导致中央银行所负担的债务概念，肯定不能应用于下面完全相反的情形；即：发行钞票不是因为政府需要,而是因为公共需要——实际上,为了完全利用劳动力资源和设备,金钱是非常急需的。这种说法只能揭露出下面这种情况的完全荒谬性:即政府扮演着私人资本家的角色,在财政上依赖于它自己的中央银行,而中央银行在它面前像一个谨慎的放债人。

如果把为了扩张流通而发行的货币看作贷款,就否定并威胁到了它真正的经济功能。在这种情况下,增发货币的目标要求,金钱必须呆在流通之内;或者更确切地说,这部分钱应该保持流通——在它导致私人储蓄之后——以便使货币流通保持在适度的水平。如果这部分钱被认作是贷款,这就意味着一个相反的趋势。它迫使政府在已经履行了恰当的义务后仍感到不满意,迫使政府认为只要它所发行的货币保持流通,自己就应该保持财政充实。在这种情况下,只有政府不知道自己的所作所为——或者它缺乏诚恳,假装坚守某种行为准则,实际上却按照否定这种行为准则的原则行事——政府才会接受这一角色。这样的政府或者在黑暗中摸索,或者自己明白,却让它的人民呆在黑暗中,并阻止他们了解他们自己的事务。在任何一种情况下,其结果对国家来说都是灾难性的。

如果忘记了政府增发货币的真正目的,并接受一个偿还"贷款"的虚幻的义务,其结果只能是走得更远,就会把一个虚构的"贷款"目的当成真的。在我看来,这就是为什么几乎所有业已发布的通过非平衡预算来扩张货币和恢复就业的计划,都煞费苦心地为政府"筹集"必需的"贷款"设想出一个目标。由于抱有这样的想法,即政府就是一个投资商,而且中央银行是筹措资金的(financier),所以大多数类似计划都认为政府应该承担大的建设项目,以尽快利用这些所谓的贷款。而由于觉得政府——和商人一样——利用商业贷款来弥补日常的家庭开支就犯了欺骗罪,政府应该首先通过增发的货币来弥补其现有的正常支出这个明显而又唯一合理的思想,从一开始就被排斥掉了①。

正如我前面所言(第 28 页)——以后将有更详细的论述,真实情况

---

① 值得注意的一个想法是 William Beveridge 先生提出的"第三条道路"(Route Ⅲ),它是在本书写成并在第 123 页论述后发表的。

是，当政府为了把货币注入流通这个唯一目的而承担大型的投资任务（或任何重大的有形变化）时，它也是在挥霍国家资源。它这样做的目的不仅是一个假象，而且它还会迷惑、麻痹人们的心理。

如果政府遵循现有的公共财政规则，继续巩固（consolidate）因增发货币而导致的"流动债务"，由此而带来的混乱将会进一步增加。就我们所研究的问题而言，将短期债务转化为长期债务的债券处理方法与货币发行的目的是背道而驰的。如果说此类转化对流通有什么影响的话，那就是它减少了流通；同时它还降低了那些用现金购买债券的人的安全感，从而增加了他们储蓄的愿望。因此，它加倍地抵消了财政措施的扩张目的，而在那些误解了的稳健财政的人看来，这个目的还是能够达到的。

巩固（consolidation）的过程实际上将导致进一步扩大货币发行的需求；一旦第二次货币发行（以及其后的发行）也被巩固，货币发行的总额度将超过流动债务最初的价值。这个更大的债务是一个真正的债务，因为至少要对其支付利息。这样一来，政府就不得不拿公众的钱来支付债券持有人，而这项工作是它们以前所不曾要求的。鉴于在高度工业化国家普遍存在的萧条趋势，几乎不可避免的是，政府必须持续将新发货币注入流通，虽然它因为债券持有人的消费能力受到限制——而且要持续限制——同时还要补偿债券持有人。将扩张性的货币发行看作贷款这一观点的荒诞性至此暴露无遗。

对政府货币发行工作的另一个有趣的特征还需要加以探讨。现有的金融规则要求，政府必须就流动债务向中央银行支付利息。当然，只要有债务，就应该有利息。但这里并没有债务。中央银行并未放弃任何可作他用的购买力。政府也没有与其他投资人竞争现有资源的使用：或者为商业贷款而干预市场。它只不过是为了维持货币流通水平而履行自己的职责，并为此而指示中央银行发行一定量的货币。这些货币一旦被政府投入流通，它们的存在对中央银行没有任何影响。因为一个想象中的债务而不断地向中央银行支付的利息，完全是为了履行一个没有现实基础的非理性的程序。

避免此类混乱和为一个清晰、理性的金融政策（如果没有这些政策，公众的金融行为就不可能是诚实和负责任的)打基础的唯一出路,就是彻底消除这样一种看法,即中央银行按照政府的指令所发行的货币,是银行向政府发放的贷款。我们必须完全打破在政府发行货币和资本家资助新建企业之间进行类比。在我们关注的萧条期间,这两种"借款人"的债务之间没有任何相似的痕迹。"借债"(borrowing)、"债务"(debt)、"贷款"(loan)这些词汇,必须严格地与政府为补救流通不足而发行货币的做法分开,从而完全消除连本带息偿还"债务"的想法。因此而发行的货币应当描述为"扩张性货币发行",或"稳定性货币发行",或"就业性货币发行"。(我们将采用后一个说法。)任何时候所发行的货币总额都不能说成是国债(这个术语只能用于国外债务),而应该简单地看作过去和现在完成的金融交易总值。

政府既有的固定的内债,应该用增发的货币尽早买下;只要实行扩张政策的时机出现,就应将它转化为流动债务——就像旧的术语对它的称呼一样。任何政府债券都不应在国内发行,除非出现了前面在"贫穷的政府借债"部分所描述的情况使之成为必要。

新增货币是否应无限期地发放? 但是,如果为稳定就业而增发的货币永远不归还中央银行,那么它到哪里去了呢?它是否可以无限期地流动而不会搞垮经济系统呢?

听闻类似的消息,人们经常怀着焦虑的情绪,我们就想安抚这种情绪,尽管前面我们已经在某种程度上对这些问题做出了答复。我们已经说明这些钱到哪里去了。它进入了流通来补充因货币撤出(withdrawal)而引发的流通不足,而货币撤出导致了现金余额,即超过了同时期商业投资的货币。因此它填补了缺口并维持了全流通。如果过了一段时间仍需要继续增发货币,其原因是储蓄总量持续超过了新商业投资;"吸入"过程超过了"喷发"过程;因而就应该进一步增发货币,以替代那些撤出流通的款项。当这一过程持续进行时,金钱一直被吸入流通,同时也一直在被撤出流通。当流通保持在均衡水平时,每周流入流通的款项就等于每周同时增加到储蓄上的款项,也就是储蓄超过新投资总额的部分。通过政府增发货币而流入的现金流，得以稳定地抵消现金流出而增加的闲置现金。政府将稳定地向公众提供增加安全储备的手段。

这是否会毫无限制地无限期进行呢？无限期——也许是的；毫无限制——当然不会。有充分的理由假定，人们不会牺牲当前的享乐而无限地增加闲置储蓄。在人们的总需求中有一个平衡；当财务安全的某个标准达到后，增加更多财务安全的愿望将会减少。因而（边际）储蓄率将会缩减；当边际储蓄率缩减时，它减少流通的速率也会降低。当公众的总体现金余额达到一个最终水平时，储蓄率水平也会逐渐降低到不再超过当前的投资。这样缺口就消失了——最终，在没有任何政府干预的情况下，储蓄和投资在全流通情况下达到平衡。

通过持续增发货币而填补全流通时的缺口的过程，不仅暂时地维持了流通和就业，而且随着时间的推移它改变了经济系统的结构，从而使得继续应用这一方法成为多余。因而"就业性货币发行"似乎具有永久疗效，并逐渐消除它继续应用的机会。

考虑英国或美国的公众需要多久才能积累到所需要的现金余额水平（假定全流通的政策能够持续），从而使得全流通时的储蓄降低到商业投资的水平似乎是多余的。人们已经普遍注意到，本次战争期间所积累的（收支）平衡，很可能在恢复和平后的很长时期内降低节俭率，并注意到，他们的财富甚至会导致公众的消费率达到可能引起通货膨胀的水平。根据这种看法，可能的结果是，储蓄长期超过投资，以及20世纪困扰高度工业化国家的相应的持续萧条状况，也许在不超过10—15年的时间内，仅仅通过让公众以他们在全流通状态下通常采用的积累率来积累现金余额就可以完全避免。

虽然推行一个抑制这种渴望现金余额积累的政策在今天看来是愚蠢的，但我们不应过分看重实现这样一种状态，即在没有任何新货币发行的情况下，实现在全流通时储蓄和投资相等。我们无从知晓达到这一状态（这个状态的最终实现，可能因资本的逐渐饱和并逐渐降低对新商业投资的需求而推迟。）是否需要很长时间。即便能够达到这个状态，没有稳定的政府支出它也无法持续。我们时时需要新的扩张性发行，来抵消流通的暂时衰退,而在其他的时候,则需要特殊的紧缩性税收来约束过度流通潮。在任何情况下,都不能将需要停止发行额外的新货币这一事实看作一个重大利好。如果我们有这样想,我们也会赞同同样有害的偏见,而消除这些偏见正是我们的主要任务。

通货膨胀的危险。增发货币来补充流通不足的建议,经常会受到这样的反对——"它肯定会导致通货膨胀!"我们必须认真对待此类担忧,虽然此前我们已经做了主要的回答。

这一回答可以简述如下:如果货币发行是为了补充一个不足,这就不会产生一个过量。当为了维持一个全流通水平而发行一定量的新货币时,同时也满足了公众对额外现金储备的需求;为此目的而需要增加发行的政策,当然不能发行超过所需要的量。如果当一个满意的流通状态实现的时候货币发行就停止,它的扩张就不会超越这个程度。

我认为这一担忧产生的原因,还是和以前我曾经提到的历史有关。过去,当政府急需金钱而又无法或不愿通过税收来筹集时,一概通过增发货币来补充当前的公共支出。贫弱和鲁莽的政府或者无法控制纳税人,或者节制自身试图逃脱公众控制的企图,就经常采用这种做法。如果政府在流通足够高时增发货币,这种做法注定是危险的而且常常是致命的。它不可避免地会引发一定量的过度流通,如果这种做法持续时间过长,可能会引发剧烈的、自动加速的通货膨胀。

但此类历史记忆在这里并不适合。由于针对某个社会弊病的救治方法应用于不同的环境——一个完全不存在这种社会弊病的环境——会出现麻烦,就放弃这个救治方法,而且是唯一合用的挽救方法,这显然是愚蠢的。政府能够应用其增发货币的权力来规避对其支出的监督的说法,是完全没有依据的。除了合法的开支外,政府不能做出任何的支出;而且维护货币流通稳定的责任可以指导和监督政府增发货币的权力。这就以一种明确的方式规定了其责任;在下一章我们还会看到,不需要新的方法来保障这一行动,也不需要民主控制来保障这一行动的功效。

当然,任何的货币扩张都可以被合理地看作是"一个趋于通货膨胀的动向"。全流通状态是流通过少和流通过多之间的一个分界线。它的一边是萧条，另一边就是通货膨胀。如果我们需要实现充分就业，我们就必须让流通扩张到通货膨胀的边界，这是不可避免的。如果我们不想接近通货膨胀，我们就必须放弃充分就业。

全流通状态比流通不足状态有着更大的滑入通货膨胀的危险，这也是确定无疑的。但这是否可以说，大量失业比充分就业更能够防止通货膨胀？特别地，是否有理由假定，实现充分就业的一种方法比另一种方法更容易导致通货膨胀？

为论述方便，假定可以通过吸引足够的新增私人投资来实现全流通。（可以通过下列事实（与第 29 页比较）来断定这一假定的不可能性，例如在美国 1929—1941 年所维持的此类投资率，几乎等于 1929 年繁荣期的两倍。）是否因此而实现的充分就业是特别稳定的，而且没有滑入通货膨胀的危险呢？当然所有的理由都使我们相信相反的假设。要将大量商业投资的货币后果限定在一个理想的限度内显然是不可能的。要将相关的建设工作调整到即使是接近所要求的水平，也是极其困难的。将所需要的私人建设事业的巨大的总量调整到某个期望的水平，也是不可能的。在大量利益的压力下以及在上千个不可阻挡的承付款项（commitment）的推动下，类似大量的货币流动将沿着它自己的路线行走，要使它转向，没有一个普遍的、剧烈而痛苦的危机是不可能的。

显然，正在进行的私人投资的量越少，这种投资不可控制和不可预见的波动就越小；就越容易抵消这些波动的货币后果。由这些波动所引起的货币过度扩张的高潮，就越容易通过增加税收而得到遏制。我们可以暂时把这个问题放下不谈：当我们论述贸易周期政策时会再次提到这个问题，届时，抵消通货膨胀的一般技巧将在恰当的地方得以论述。

这里，让我们回答另外的问题并减少其他方面的困惑。我们是否可以期望（我们将会被问到这个问题），人们从增发货币中所积累的均衡是否能够足以坚定地得到维持？他们是否会通过突然释放购买力而威胁到经济系统，并引起通货膨胀？

要回答这个问题，我们必须记住，那些积累储蓄的人之所以能够这样做，是以不断牺牲当前的利益为代价的。某些私人可能会完全放弃有能力享受的快乐；某些商业企业可能会减少其所获利润。没有理由相信，他们会轻易放弃他们千辛万苦所积累的财富。

的确，在现代社会的充分就业可以通过数量足够大的商业投资而得以实现和维持这样一个假设中（实际上是不切实际的），存在着另外一个充分就业的途径，它不会引起现金余额以不同寻常的数量积累。它们将被私人持有的工业股份所取代，这些股份将达到一个前所未有的水平。由于随着其规模的扩大私人投资量所出现的剧烈波动，股份价值也会不可避免地出现不同寻常的剧烈波动。毋庸置疑，在此情况下，股票交易报价的剧烈波动，会引起私人消费的异常不稳定。

大量私人投资的不稳定的一个促成因素，是金融投资中商业债务的复杂网络。打击股票市场的悲观情绪的漫延也引起了信用的大规模紧缩。贷款被要求付清或者无法延续，这就导致了停业清理和消费能力的突然收缩；而信心的高涨可能会对信用产生相反的作用，并掀起一个投机和消费的热潮。

在有大量商业投资的情况下，这些干扰因素所导致的消费习惯的不稳定，很可能远大于一群人所拥有的、不受经济前景的剧烈变化所影响的大量现金余额所引起的不稳定。事实上，显而易见的是，对于储蓄的再流通，一连串的商业投资只是最笨拙、最难以控制的方法。

人们突然改变自己的习惯并掀起一个消费高潮，进而可能会搞垮整个经济系统的可能性也是不能排除的。对付购买和消费习惯的突然的、大幅度的改变，任何一个经济系统都是不保险的。例如，整个银行系统都必须建立在这样一个假设之上，即人们不会突然一起要求以现金形式清偿他们的存款。在少数情况下，像1933年美国银行危机那样的情况也是不可避免的；但它并不足以成为放弃银行业务的理由。如果社会要排除掉建立在合理稳定的公共习惯基础上的经济系统的话，那些大多数不可或缺的机构都将灭绝。

最后，我们应该停止将通货膨胀视为无底深渊，即一个经济系统会突然出错并陷入万劫不复的深渊。扩张和通货膨胀的程度有很多种，在将来,至少在未来的某个时候,人们喜欢生活在一个可以称作适度通胀状态的环境中,这是完全可能的,以后我还将对此做进一步的解释。无论这是否明智,我们目前还不用操心;我这里提到它,只是说明这样一个观点,即全流通状态不是悬崖边上的一条轮廓分明的线,而是处于一个宽泛的区域内,在此区域内,各种不同水平的全流通会不同程度地适合于各种社会的要求。

这里为维持一个足量的货币流通所提倡的政策,不会解决所有的就业问题。但除非预先清晰地制定出这一政策,否则所要应付的难题——以后我还要论述——就不会得到解决。必须彻底排除这里和前面部分所提到的那些忧虑,不仅是为了这一政策能够获得接受,更重要的是为处理未来所可能遇到的更大的困难而建立一个坚实的基础。

一个现代预算。 还有一个问题需要探讨,即为稳定充分就业而增发的货币如何纳入预算。下面的程序似乎就是为此而设的。

首先,预算必须是一个支出计划。其作用是表明人们决定不约而同地将其收入中一定的份额用于支出。这个决定是通过平衡大量不同的意见而达成。要保证最大限度地满足公共领域的需要,必须将公共支出的各个项目上的支出进行调整。公共支出总额必须与私人支出总额相平衡,以保证这两个领域的满足度都达到最大。这需要将在总体公共项目(甚至可以增加一些新项目)上增加一点支出所获得的好处,与在私人消费上增加一点支出所获得的好处进行比较。因此,在预算支出上的理性决策,必须是基于对社会所能获得的总收入的估计,包括私人的和公共的。只有在完全了解并充分考虑到预期国民收入的情况下才能作出决策。

所生产的国民收入当然会受到该国所拥有的技术资源的限制。但这些资源可以根据国家所选定的就业水平来得到不同程度的利用。每一个就业水平都需要一个特别的货币流通水平,而流通水平又要结合理想的就业水平来决定。

严格地说,要确定理想的就业水平以及相应的国民(金钱)收入水平,必须结合对于预算所包括的总支出的决策。通过假定先确定国家的金钱收入,然后再确定预算,我们可以简化论述(同时可能使我们的建议更切合实际)。其中第一个决策大致代表着政府的一个新职能,在对达到充分就业状态的地方已经发生的——在前苏联、当时的纳粹德国,以及在其他战时国家——实际问题加以研究后,我们随后(第四章)才会有更充分的条件来论述这个新职能。目前我们假定,理想的货币流通水平——以拟定的国民收入的数字来表示——业已确定下来;由此而引发的公共支出总额,在充分参照了以前或目前所选定的国民收入后,也已经确定下来。

议会按照支出确定了预算以后,下一步——即确定税收水平——就需要专家来做了。他们必须有两个合理、可靠的预测:一个是国民收入中人们可能用于储蓄的比例,另一个是他们可能会作出的商业投资量。这两个预测之间的差异就是预计的缺口,而这个缺口决定着增发并用来供应预算的货币数量。增发的货币量必须等于缺口,税收也必须明确下来,以便与增发的货币一起,弥补拟定的公共支出:税收+缺口=预算。将因此而确定的税收负担分摊到各种不同形式的税收上,是议会要做的另一个决策。它可能要对已经做出的对未来储蓄率、投资率等的估算加以修正,这一点在下面还要论述。

更重要的是,要在财政年度确定税收调整,以便抵消不可预见的私人投资的波动。一个不可预见的投资滞后,应该以税收减免或退还,配合增加就业性发行(employment issue)的增加来应对。某一方面的上升需要以相反的措施来应对。按四个季度分期征税也许是个好办法,这样可以便于采取补充性的调整措施。

如果公民们预先同意——这是这一制度所要求的——他们从一般流通的意外上升中所获得的意外之财以追加税收的形式奉献出来,他们将实现其金融前景的最大可能的稳定,并看到一个有效保障的合理的金融预期;就像任何不可预见的普遍的需求不景气,应该以退税的形式对他们进行补偿一样。当然,这种调整只不过是一种完善,它并不是拟订方案的不可或缺的部分。这里提到它们,是为了说明在处理此类细节方面制定新制度的指导原则。

拟定的预算方法完全符合前面所定义的"中性原则"。公众的意图可以在经济生活中的集体领域和私人领域共同实施，而不必为了维持充分就业而对其进行修正。剩下的就需要公众（由政治机构作代理）决定他们期望的就业水平，同时，公民个人和公司个体在他们所期望的储蓄和投资方面的决策也得到认可。专家的作用就仅限于进行评估：首先是能够维持所期望的就业水平的国民货币收入的水平，其次是与公众所决定的储蓄和投资总量相对应的税收水平[①]。为了确定如何分配税收负担，还需要进一步的政治决策；最后，一个据以追加或退还税收的实际方案也需要政治机构来制定。因此，机器的各个部分都运转起来，来忠实地贯彻政治机构及其相应的有选举权的经济单位（私人和公司）的意图——同时允许每一方都有完全的、适当份额的、他们能够胜任的经济权限。

一些具体问题。我试图在本书中为广大民众阐述一个宽泛的原则。我在这里将插入几页具体问题，部分地是为了避免某种误解，部分地是为了申明要实现我的建议而须做的艰苦工作。

我已经说过，在确定了财政年度拟定的公共支出规模并将其纳入预算后，立法机关将起草一个税收方案，但要让政府经济顾问来确定实际的税收水平。在做这个决策时，经济顾问们必须考虑到税收对储蓄的影响，以便让"税收＋缺口＝预算"适用于充分就业时的缺口——这个缺口将和最终确定的税收一块出现。不同形式的税收对缺口的影响有很大的不同。对茶叶征税将主要落在穷人的头上，它对公众储蓄没有影响，对缺口也几乎毫无影响；而所得税主要是截取富人的边际收入，将在某种程度上降低储蓄，并将缺口缩小到相应的程度。在确定税收水平时必须考虑到这一点，以便使"税收＋缺口＝预算"。

下面的事实可能使情况复杂化，即税收通常不是为了岁入，所以是无法分配的。因此：(1) 为了恢复社会公平，对高收入和遗产直接征税是必要的；(2) 为了抑制酗酒，对高度酒进行间接征税；(3) 对汽车征税，让

---

① 公众对此所做的决策可以进行如下解读：储蓄只要没有和投资相平衡，它就相当于从实际国民收入中划拨出一部用于公共消费。

那些道路利用频率更高的人来为道路建设和维护付费。

在上面所述的第一种情况中,困难只是表面性的。为了使收入均等化,并不一定征收任何恰当含义上的岁入——也就是说,政府为提供公共用途的物品和服务所花的钱——无论是通过所得税还是通过遗产税。公平可以通过纯粹的从富人到穷人的转移支付——最直接因而也是最优的方式——来实现。没有理由不让年满21岁的人,从通过征收所得税和遗产税而获得的公共收入中,得到比如说10英镑的钱——如果这是公平的话;或者每个孩子一出生就从同样的货币来源中得到200英镑①。这一方案可以将收入再分配到任何期望的程度,而不需要动用在公式"税收＋缺口＝预算"意义上的税收;其中的"税收"自然不仅仅是指将金钱从一个公民的口袋转移到另一个公民的口袋。如果通过刚才所描述的转移支付使降低所得税的再分配效应得以恢复,无论得自所得税和遗产税的岁入的哪一部分是由增发的货币供给的,它都符合中性原则。

今天我们不知道社会实际需要的再分配量有多大,因为过去对再分配的需求,总是与增加共同支出或增加用于弥补可保险的风险(insurable risks)的拨款联系在一起。在这种情况下,收入的公平或多或少地是作为公共支出增长的伴生物而偶然发生的(例如,这种情况在战争期间最明显了)。但是,无论何种公平标准对社会来说是理想的,在政治上是可行的,它都必须在上面定义的对等式"税收＋缺口＝预算"中的税收没有任何增加的情况下才能有效地推行。

下面我们看一看白酒税和烟草税,它是现代国家的间接税的一个相当重要的部分。我们不能为了避免因对白酒和烟草征税而导致货币流通减小而纵容酗酒和吸烟的习惯。但为了抑制酗酒和吸烟,现在所征的税收是多少呢?1938年英国税收总额中有17％来自对酒精和烟草的征税,而同年美国的比重是9％②。美国的人均征税不到英国的一半,而且考虑到两个国家劳工阶层的收入水平,美国认为在酗酒和吸烟上所应该达到

---

① 虽然这些数字不是论述的必要部分,但它们的确说明了1938年英国所有的高于500英镑收入的公平分配结果。(参见 J. R. Hicks, *The Social Framework* (1942), p.190。)

② 本部分的论述所依据的数据,参见附录Ⅱ。

的抑制效应，英国用1938年税收的八分之一至十分之一就能够达到。没有理由认为，在抑制酗酒和吸烟方面，英国选民不会满足于达到和美国一样的水平。因此，仅仅为了抑制英国的酗酒和吸烟而以"税收"的形式进入等式"税收＋缺口＝预算"的项目，大概是相当小的（特别是当我们拥有其他手段来减少此类消费时），而且我们可以随心所欲地用增发货币来代替几乎全部的现有间接税。

第三，我们来看一组税收——汽车税是此类税收的最主要的例子——其目的是通过让公共设施的主要受益人偿还成本来厉行节约（例如，车主对道路的利用）。我们看到，这种偿还原则是极端不确定的。以汽车税为例。普通民众得自道路运输的好处是最广泛的。在汽车普及率很高的国家，个人娱乐性行驶只占路面使用很小的比率，更多的是为商业和货物运输的行驶。在这种情况下，道路维护应该看作是社会整体所带来的"社会成本"，所以必须让社会整体来承担，以保证其生产功能正常运行；一旦认识到这一点，汽车税和现已放弃的道路、桥梁通行费是一样的。毋庸置疑，即使今天，之所以征收汽车税，主要是因为它是一个很便利的税源，如果全部或部分地放弃汽车税，从而免除车主对道路维护的主要责任，也不会导致路面明显的浪费。

还需要补充说明的是，如果需要，社会保险分担额也可以通过政府增发货币来支付。在英国，仅此支出一项就足以维持流通。在贝弗里奇社会保险计划（Beveridge Social Security Plan）中，工人和雇主所承担的份额每年达到3亿英镑，几乎相当于弥补缺口所需要的（平均地说）估计数①。

接下来我们来处理因将财政划分为中央和地方两部分所导致的难题。

迄今为止，我们已经论述了为公共目的而花钱的决策，似乎是完全由国民政府来决定的。其实，事实并非如此：在英国，通常20%的公共支出是地方政府授权征收和花费的地方税；在美国，联邦政府通常只负责

---

① 见后面的第六章，第118页。

40%的全国公共支出,各州政府和地方市政当局共同征收并安排剩下的60%。把为了就业目的而注入的金钱仅仅限定在中央政府可资利用的开支渠道上显然是不理想的。首先,在某些大国,例如美国,可以想见这些渠道是不充分的。此外,中央政府拥有便利融资的所有有利条件——主要是增发货币——而州政府和市政当局则必须费力地以常见的征税方式来融资,这也是不理想的。最后,联邦政府是否能够充分分摊为了贸易而增发的货币,而又没有因这些货币的注入而扭曲贸易,是值得怀疑的。

但是,是否可以将增发货币的一定比例留出来,并交由地方政府来安排,而又不至于损害他们的独立性或弱化他们的财政责任感呢?

我将以下面的建议来回答这一问题。地方政府应有合法权利从每年增发的货币中分得一定的比例。这一比例应由国家立法机关出于某种(或多或少明显的)考虑——例如,中央和地方政府通常所分别承担的任务的相对财政规模——来确定。此类决策可以在对地方政府的独立性没有任何损害的情况下来做出——魏玛共和国时期公共经费在 Reich 和 Lander 之间的划分就是一个案例。在 10—20 年时间内,从增发的货币中分配给地方政府的比例保持不变似乎是有利的。

在地方政府之间来分配每年增发的货币,是一个更严峻的难题。找到一个合理的、客观确定的标准来指导这一分配是极其重要的。最合理的起点似乎是对地方缺口进行评估。在全流通状态下储蓄超过投资的全国余额,是每个地区所产生的这种余额的总和。如果按照各地的余额比例来分配增发的货币总量;或者换句话说,如果每个地区所获得的款项在数量上是与该地区从流通中正在撤出、并增加到本地居民的闲置资金的款项相对应的,那就是最合理的分配方法。对增发的货币进行如此分配,最有可能在各地平等地维持充分就业,并将新发货币可能扰乱不同地区间的贸易平衡的几率降到最低。

地方政府应该根据在(全国)充分就业状态下的地区收入的估计值来做预算,并为地区内可能出现的"萧条区域"(见第 90 页)留出补贴。税收最初只能以计划表的形式确定(就像中央政府一样),而实际的税收最终取决于从中央政府那里接收的增发货币的法定份额:其水平应该是:税收＋新发货币＝预算。

众所周知,这个方案在某些细节上是模糊的。但我认为它清楚地表明了为增发货币的分配找到一个标准的可能性,这个标准必须非常合理并足以获得赞同,必须足够客观,从而消除地方政府间的无序争斗。这里所主张的程序还应该完全能够保证现有自治区域的自治性和财政独立性。

无论如何,我们这一方案中那些悬而未决的问题,仍会使人对"中性"的充分就业政策的可行性产生部分的质疑。无论是在中央还是在地方,都不存在可以无法用增发货币替代的税收,根据情况而确定的公共支出的范围,足以成为增发货币来填补缺口的渠道。

免税。这里还需要注意的是,充分就业的中性政策并不仅仅是一个免税政策。我们所设想的公共支出远大于通常经济萧条状态下所做的公共支出。例如,我们估计,1929—1939年美国在公共必需品方面的花费,至少比1939年繁荣时期的此类花费多出50%(见前面第29页)。一个中性政策是一个免税政策再加上一个公共支出的增加,根据情况公共支出需要增加到——即不考虑就业——在充分就业状态下的水平。

但是,尽管免税不是制定充分就业预算的恰当起点,但留意一下它影响流通的方式也是很有意思的。假定一个额度为每年一亿英镑的缺口用免税来填补,且通过增发货币来资助没有着落的公共支出。那么需要免除的税收额度是多少呢?

这取决于边际储蓄率的大小。如果储蓄率是四分之一(正如1929—1941年的美国那样),那么所需要免除的税收额度就是1.33亿英镑;因为其中的四分之一用于储蓄后,还剩下1亿英镑可用来填补缺口。如果像英国那样,流通变化强烈影响到了国外支付,这一情况必须被考虑在内。可以用乘数的倒数替代储蓄率做到这一点——参见下面第54页对乘数的更全面的分析。这样,如果英国的乘数是2,要填补1亿英镑的缺口所需要免除的税收额度以及与之相伴的等量的新货币发行,应该是2亿英镑。

如果其他所有的国家都扩张流通,这个额度会降低。为了实施一个增加就业的统一的国际政策而同时采取的扩张的措施,不会影响到各国之间的支付平衡;在这种情况下,英国的乘数可能会增加到大大超过 2,为填补一定量的缺口所需要免除的税收量也会相应地变小。例如,如果英国的情况与 1934—1937 年美国的情况(在下面第 54 页所引用的文章中,Colin Clark 对此进行了探讨)类似,乘数将从 2 增加到 3.22,为填补 1 亿英镑的缺口所需要免除的税收量将降低到大约 1.5 亿英镑。

增税。以前我曾经提到,人们普遍倾向于通过征税来削减用来储蓄的收入,并将所得款项(proceeds)用于公共工程,从而将这些款项带入流通,来消除或至少是减轻失业。我认为这种方法是荒谬的、浪费的,并对其予以否定,我还阐述了将此类就业政策排除在外的我自己的中性方法。但现在对这种方法发挥作用的方式予以审视仍然是一件有趣的事;当政府经济顾问计算下一个财政年度增发货币的确切数量时,他们都会将税收对缺口的影响考虑在内,这时的情况就更有趣。

我们可以从表 2(第 14 页)所示的国民收入从"谷底"扩张到全流通和充分就业的各个阶段来着手研究。表中每一个额外的或"边际的"部分都可以以三分之一的比率用于储蓄。假定现在通过征税,从国民收入的顶部切掉一个边际部分,将以此征收的金钱立即用于追加的公共支出。我们可能首先要问:这个过程的"喷发"效应会有多大呢?

答案是这样的:从货币流通的观点来看,这个过程相当于取消了用税收砍掉的那部分收入所做的储蓄。这些潜在的储蓄被投入了流通,同时,剩余的那部分收入也因税收而转化为公共支出。这等同于取消了一个程度与所取消的储蓄相当的吸取(或者说增加了喷发)。在表中所假定的情况下,它等于追加税收的三分之一。

我们通过分析下面的案例来进一步研究这个问题。假定国民收入为每年 41 亿英镑,我们每年增加税收 1 亿英镑,然后将这些款项用于花费为每年 1 亿英镑的追加的公共工程。那么由此而引致的国民收入总额将会是多少呢?

它将包含下列几个项目：(1) 有 40 亿英镑原封不动；(2) 已经存在的 3 333 万英镑的新投资，用来平衡因税收削减掉的那部分收入所形成的储蓄；(3) 1 亿英镑的公共支出；(4) 因取消 3 333 万英镑的储蓄（亦即重新流通）而增加的国民收入；它相当于等量的追加喷发所发挥的作用，并将导致国民收入增加 6 666 万英镑（乘数为 3）。因此，新的国民收入为：

(1) 40 亿英镑　　　　早已存在
(2) 3 333 万英镑　　　早已存在的投资
(3) 1 亿英镑　　　　　来自追加税收的公共支出
(4) 6 666 万英镑　　　追加喷发引发的第二次扩张

总计：42 亿英镑

这就是说：最终国民收入增加了一个数量相当于追加税收的量。

我们暂时抛开所有的"中性原则"的要求，来看看一个充分就业政策（中性原则是排斥这一政策的）在多大程度上能够依据这种增加国民收入的方法。

以 1929—1941 年间的美国为例。我们已经从图 3 所描述的 Stone 先生的图中得出这样的结论，即在此期间，国民收入只有 500 亿美元，已达到"谷底"。我们还看到，在大萧条的困境中，国民收入明显低于这个谷底水平；这样一来，乍一看似乎根本没有余地通过对用于储蓄的收入征税、让其重新流通来制定就业政策。但通过细心观察可以看到，人们仍然在把大量款项用于储蓄，而同时其他人（特别是商业公司）的透支行为却在起着稳定总平衡的作用。这样看来，即使在低于谷底的水平上，也有通过征税而增加就业的余地；同时似乎还需要一个更细致的分析，来搞清楚这样做能达到多大效果。

幸运的是，一个粗略的估计足以启发我们找到问题的关键。1933 年，美国的国民收入为 420 亿美元，其中 86 亿美元被税收减掉了：可用于私人消费的只剩 330 亿美元。（这个数字还不到 1929 年的谷底时期的 680 亿美元私人消费的一半。）我们可能会问：从 330 亿美元中，可以用税收减掉多少呢？税收负担翻番的说法，即该数字将提高到170亿美元（即国民收入的40%）肯定是一个夸张的估计；但是即使这样，它又起到了什么作用呢？根据前面的理论分析——它的确以简化的方式展现了问题的实质——追加的86亿美元税收，当通过追加的公共支出而重新流通后，将增加等额的国民收入，即将国民收入仅仅提高到500亿美元。

显然，此类政策对于严重的失业状况将于事无补。虽然通过将追加的税收主要施之于最有可能用于储蓄的收入，并将这些款项的公共支出用于积累率最低的行业，就可以收到更好的效果，但这并不能改变我们的看法。如果我们再考虑到所追加的税收对新增私人投资率所产生的抑制效应，情况就更不会如此。通过对重新投资的收入免税，就可以避免这种效应的假说，正如 Kalecki 先生的说法一样①，是一种无法接受的说法。资本家不会仅仅（或主要）为了将所获利润用于再投资，来冒险动用他们的流动资金。这样对他们毫无用处。

我们可以得出结论说，只有在商业活动相对较好的时期，将追加税收用于追加公共支出的政策才能将国民收入提高到最高水平。因此，将这种政策描述为通常的充分就业政策——正如 William Beveridge 爵士在他所说的"第2条道路"②中所做的那样——是错误的。只有在例外的情况下它才能采用。

无论如何，通过在萧条时追加税收来追加公共支出的政策，当然会严重违反中性原则，也是非常不明智的。因现有的失业状况业已受到削减的私人消费，将会因追加税收而受到进一步的大幅削减，而同时，对社会公共需求的供给将会比以前所认为的恰当数量增加一倍。

对于为了提高等量的就业水平所需要追加的、以不同的方法资助的

---

① 见《充分就业经济学》，第46页。这是牛津大学统计学研究所(1944)在应用经济学方面所做的六项研究。

② 见 William Beveridge 爵士，《一个自由社会中的充分就业》(1944)，第142页。在第144页，作者将这一政策描述为"理论性的而非实践上有可能性的"，并以此为据将其置之不理。认识到这并不是一种理论上的可能性是非常重要的。Beveridge 一书的第363页附录C中(Kaldor 先生)所做的1938年第二条道路的计算非常值得怀疑，它假定在没收大部分利润的税收体制下私人投资完全能够得到维持；它仅仅提出了一个只有在相对繁荣的年度才能出现（即使以这种值得怀疑的形式）的一种可能性。

公共工程的相对量,我们还需要多说几句。我们已经看到,要实现每年1亿英镑的追加流通,就需要等量的追加税收。能够达到相同增加量的追加的预算赤字量取决于乘数的大小。如果乘数为4,就像Stone先生关于1929—1941年美国的图中所显示的数值,所需要的预算赤字将会是2 500万英镑;如果乘数为2,就像前面所提到的英国的情况,所需要的预算赤字将会是5 000万英镑。因此,要减少一定量的失业,通过追加税收来资助的追加的公共工程的量,与通过追加预算赤字来资助的追加的公共工程的量相比,前者是后者2—4倍。即使在小范围内前一种方法完全可以采用,也不宜采用这种方法。

乘数和外贸平衡——重新定义吸入和喷出。这一部分所简要介绍的论题,在后面的章节中还要进一步论述。

在论述储蓄率的部分,我已经解释了边际储蓄率(见前面第23页)是如何影响乘数的,所谓乘数就是通过增加一个单位的"喷发"(或者减少一个单位的"吸入")国民收入所增加的比率。迄今为止,乘数只不过是边际储蓄率的倒数;因此,在Stone先生所研究的那一时期,边际储蓄率为25%(见前面第16、17页),则乘数就是4①。

也许令人奇怪的是,在这种情况下,据估计,英国的乘数通常小于2②。这是否意味着英国的边际储蓄率高达一半,而美国只有四分之一?

不是,还需要考虑一个复杂的情况,前面我已经略微提及(第15页)。英国任何的流通扩张——除非伴以相同的国外扩张——都极大地增加了进口量,而同时出口却不景气。其结果就是,大多数追加流通都外流,国内贸易中反而难觅其踪。换句话说,"喷发"的增加量以增加国外支付的形式大量外溢,而国外支付对国内的国民收入没有"乘数效应"。这就是

---

① 一个更详尽的考察表明,在1929—1932年,乘数为3,1932—1938年,乘数为5,1938—1941年,乘数是3。

② 例如,参见 Bretherton, Burchardt and Rutherford, *Public Investment and the Trade Cycle in Britain* (1941), p.92,在后面的第75、76页还有更详尽的引用。

为什么在英国所观察到的乘数小于美国①。

为了解决这一问题,有必要详尽阐述我们关于"吸入"和"喷发"的描述。因为出口而获得的支付不能平衡进口的国外支付,也可以出现吸入效应。一个完整的"吸入"列表通常包括:(1)私人储蓄;(2)商业储蓄,特别是折旧金超过实际设备折旧的支付;(3)税收超过公共支出的部分;(4)任何现有的国外支付的负平衡。"通常"一词是为了说明,当人们透支了现有的收入动用提取闲置资金时,这时私人储蓄有可能是负的,虽然这种情况很少见。

相应地,一个完整的"喷发"列表通常包括:(1)新增私人投资;(2)任何更新支付超过平均折旧率的部分;(3)预算赤字;(4)国外支付的正平衡。

所有的"吸入"过程都有一个共同点,即从流通中提取货币,而且这些货币不会重新进入流通。相应地,"喷发"是这样一个过程,它将货币带入流通,而不会再将这些货币从流通中移走。消费者在市场上的日常购物并不属于喷发,因为这种采购行为是与消费者接收收入相关联的,消费者接收收入时又将货币从流通中取走。为了生产消费品而支付工资等费用也是这样,因为这种支付是与从此类产品的销售中的接收收入紧密相连的。同理,从现有税收中进行公共支出并不是喷发,因为这种支付是与接收到等量的即时征税紧密相连的。与接收相关联的支付过程,构成了现有的货币流通,在第8页图2的货币环中,我们对此已有所描述。现有流通与"喷发"、"吸入"之间的区别,对于凯恩斯的就业理论是至关重要的。

作为反例的战时财政。在战争期间,财政问题与萧条时期恰恰相反。这使我们有机会来观察为了另一个目的来运用现代货币原理:也就是说,阻止——而非引发——货币流通扩张。

战时经济的任务是尽可能快地释放国家的生产能力,并使这些生产

---

① Colin Clark (Econ. J. 1938)校正了通过进口而外溢的乘数,他所得到的英国在1934—1937年的数值为3.22。(关于这方面的讨论,见 Burchardt, Bretherton and Rotherford, loc. cit. pp. 317—318。)注意,乘数等于边际储蓄率的倒数这个等式,只对校正后的乘数成立,而不是对直接观察的乘数。

能力从为民用服务转向为战争服务。军工产业的迅速建立及其产量的迅速提高，要求政府支出快速而大量地增加，为此，政府开支在几年之中不可避免地要持续地快速增长。通过现有税收的等量增加来弥补公共支出的增加是不可能的，因此，前者总是远远落后于后者。其结果必然是产生大量的预算赤字，引起货币流通的强烈扩张。在战争期间，所有的政府都需要采用"贫穷借债"（needy borrowing）：开动机器印刷货币来弥补大量开支——虽然流通水平已经很高，需要紧缩而非扩张。

的确，在战争期间一定量的货币扩张是合理的，甚至可能是必不可少的。为战争努力所需要的"过度就业"措施，需要大量地扩张工资和其他收入方面的流通。通过生活费用的上升，进一步的扩张可能有助于抑制固定收入者的消费，还可以增加战争产业的工资，从而极大地有利于让工人向新兴的战时产业转移。

但即使在战争期间，也不能轻易允许无节制的通货膨胀。战时和在和平时期一样，普遍的通货膨胀必然会普遍地削弱合同的诚实性，并导致商业习惯和生产方法的相同的退化。它注定会扰乱和扭曲商业生活的各个方面，并颠倒立足于信任和审慎之上的所有的人类关系。如果能够避免，没有一个政府会完全允许通货膨胀自发地发展。

我们可以采用下列的简化方法，来研究战争期间如何把货币扩张限定在合理的界限内这个问题。无论战争工厂是由政府建立的，还是像有时发生的那样，特别是在美国，是由私人公司按照政府合同建立的，我们都会将它们的建设支出包含在当前的战争成本之中。如果采用这个分类法，那么在战争期间实际上没有商业投资的余地。实际上，由于商业储存被无情地耗尽，机器设备也被消磨殆尽，就会导致总消费超过国内总生产水平（因变卖国外资产和向国外借款而得以加强）。从这个意义上讲，投资在战争期间成为负数，相反还会发生一个减资（disinvestment）的过程，在一个不小的范围内，它有利于战时消费的供给。但为了我们的论述——大多数论述都仅仅针对这一形势的主要特征——我们可以忽略这个减资现象，假定战时不存在商业投资。

在这种情况下，可以认为战争期间的当前储蓄总额超过了当前新商业投资。我们仅仅谈论"储蓄"问题，而不是谈论"缺口"。只要公共支出没有超过当前的税收和储蓄总额，或换言之，只要战时新发货币为当前的储蓄所抵消，流通就会保持稳定。

这些原理——它们代表着本书所提倡的一般政策在战争期间的应用——得到了英国和美国政府战时预算实践的认可。防止流通的过度扩张成为他们稳定税收水平的主要观点。所确定的税率，恰好——与预期的储蓄水平一起——能够防止通货膨胀的发生。为了平衡公共支出，要以平等的原则来对待税收和储蓄；财政部的责任就是保证当前税收和储蓄总额达到预算支出水平。

为了降低对税收的依赖——或者税收业已达到了所能够成功征收的极限——政府会竭力获得储蓄；为了吸引更多的储蓄，它会向公众发放有息政府债券。这种做法的作用主要是为了增加储蓄；但发放债券也会增加所积累储蓄的稳定性，当这些储蓄一旦转化为债券，被花掉的可能性就降低了，否则其持有人会在各种场合想法花掉。但值得注意的是，只要储蓄持续存在，任何储蓄都会满足政府的财政要求。将自己的金钱存放在书桌里的储蓄者为平衡战时财政所做的贡献，和他投资于战争贷款的邻居是一样的。实际上（假定他的储蓄被牢牢地锁住）他是一个更有益的公民，因为他为政府省掉了发行贷款、支付利息等麻烦。

所有这些都被英国的财政部认识到了，今天的美国财政部也认识到了。要是这些政府机构准备普遍应用这些原理，以此指导他们战时的行动，进而推广应用到和平时期的相反的案例中，那么他们就必然会采用我关于现代预算管理的许多主张。

我们对战争和和平时期两个相反的情况下的预算工作的恰当方式作一个简要的比较和对照。无论是在需要过量流通的战争时期，还是在相反的趋势流行的和平时期，政府增发的所有货币都必须等于缺口——这是当前储蓄超过当前投资的余额。（在战争时期，我们可以让投资等于0，让缺口等于储蓄。）无论是在战争时期还是在和平时期，增发的货币等于缺口都会让流通水平保持稳定：使经济在战争时期免于通货膨胀，在和平时期免于不景气。在战争时期，政府之手受制于当前因无法用税收弥补的而迫切需要增发货币；它必须努力将缺口开到足够大，以便吸收全部的新发货币。在和平时期，问题是由全流通时出现的缺口所引起的，这个缺口可能会降低货币流通，导致经济不景气，政府的任务就是将税收调整到这样一个水平，即让足够的新发货币来填补缺口。

贸易周期政策。现在我们需要进一步研究，如何在贸易周期所引起的商业活动波动之下来稳定流通。问题的解决将使我们的原理得到再一次的普及，也是最大程度的普及。

在某种程度上，我们已经论述了贸易周期。预算必须以对私人投资的预测为指导，以便将贸易周期的显著趋势考虑在内，并为税收的确定留出余地。我们还认为（见第 44 页），为了弥补任何无法预见的投资曲线的急剧变化，随后还需要对税收——以及增发货币问题——进行重新调整。

如果考虑到一个稳定的流通肯定要对贸易周期的波动产生阻碍作用，我们会有更大的信心来期望这个方法能够发挥稳定作用。一般情况下，这个周期包括——正如前述——自动加速的扩张和收缩阶段。私人投资的增加引发了货币扩张，货币扩张反过来又刺激了进一步的投资；当私人投资出现下滑时，这个自动加速的过程就会向相反的方向发展。显然，在任何经济中，这两个渐进的过程都没有足够的能量让流通水平保持合理的稳定，这就使得抵消投资波动的问题更容易解决了。

由于即使总就业水平保持稳定时，私人投资量的波动也注定会发生，我们希望通过我们的分析能大大减少这种波动。当技术进步以及人口规模和普通教育水平的变化导致新机会出现时，对新资本设备（capital equipment）的需求也会持续变化；但当这些变化无法影响到流通水平时，它们就不会产生放大作用——即很快就使其范围远远超过其最初波动的效力。我们可以乐观地期待，在这种情况下，贸易周期中目前常见的动荡及其影响力，大部分都会荡然无存。

迄今为止我们假定，普遍的萧条状态会完全湮灭贸易周期引起的波动，这样一来，即使是在商业活动的鼎盛时期也不会实现充分就业。在 Stone 先生关于 1929—1940 年美国经济活动的图中，以及在 White Paper

关于两次大战期间英国就业进展情况的图中,我们已经看到了这种"湮灭"现象,我们已经把它当作一种现代经济的典型特征。但如果放眼远望,我们会看到有这么一个点,在这个点上这种局面会得到纠正。前面我已经论述过(第41页),在一个相对较短的时期内,通过采用连续的就业性货币发行从而使新发货币持续地进入流通,公众手中会积累一个流动现款,这会导致储蓄率逐渐地降低,并最终等于新私人投资率,即使是在全流通时也是这样。当通过这种储蓄积累,常见的缺口被消除后,贸易周期的波动将不会在一个流通不足的环境中出现,但在高于或低于全流通的水平上却会出现波动。这样,繁荣期将会形成流通过度,而流通过度只能通过紧缩措施来应对。现在我们要展示,我们的现代预算原理是如何精确地适用于这种状态的。

(我们可能会看到,这一问题还适用于更加原始的经济,在这种经济中,对新资本的需求尚未下降到相对饱和的西方国家中所常见的水平,储蓄率仍然相对适中,因而,曾经导致西方普遍出现长期萧条趋势的在全流通状态下储蓄持续超过投资的现象尚未发生。在这种情况下,贸易周期仍会以其他各种形式出现——当然,在现代已逐渐饱和的西方国家早期它的确出现了——其鼎盛时期是真正的繁荣,并将过量的、具有通胀性质的货币带入流通。)

通过应用前面所说的原理就能够找到解决此类问题的答案。显然,当在全流通状态下新私人投资超过储蓄,就会出现一个不尽如人意的、应该加以抑制的货币扩张趋势。为此,所征收的税收必须超过预算支出。如有必要,这种过量征税必须无限期地维持下去,直到再次回潮,投资再次降低到低于在全流通状态下的储蓄水平。如果这种现象发生,必须以类似的方法来应对:必须增发货币使其数量达到那个弥补缺口的水平,而且必须调整流通使其再次上升。

总结与展望。 下列三种主要的经济系统情况政府必须应对:

1. 在和平时期,现代经济系统有在全流通状态下储蓄超过投资的趋势。这个超额我们称之为全流通(或充分就业)时的缺口,它在繁荣时期要小一些,在衰退时期要大一些,但它很难不出现,并且一直需要用增发货币来弥补这个缺口。

2. 在战争时期因不得不增发货币而引起的流通过量;它需要缺口尽可能的大从而吸收额外的增发货币。

3. 靠近全流通时的一种衰退和繁荣交替出现的状态,衰退时当前储蓄超过了当前投资,繁荣时的情况正好相反。在工业化早期这种情况相当常见,当公众具有充足的现金平衡时,它也会出现在发达经济体中。在这种状态下,通常的任务是稳定流通;用税收来抑制繁荣,用增发货币来扭转衰退。

现在我们可以将"缺口"一词的应用规范化,以便使其既包含全流通时储蓄超过投资的情况,又包含投资超过储蓄的相反的情况。这种用法要求,它所产生的两种缺口应该有相反的符号。我们可以将储蓄大于投资时的常见的缺口称作**正**缺口,而将投资大于储蓄时的缺口称作**负**缺口。

在经济系统所有可能的情况下,都可以用以下形式来表示平衡预算的规律:

$$税收+缺口=预算$$

在这个等式中,"预算"指的是预算支出。当缺口是(常见的)正数时,税收应该确定在低于支出的水平上;其间的差异应该等于缺口,并用等量的新发货币来弥补。当战争期间政府支出有必要超过税收时,政府应该努力将缺口扩大到等于超额的支出。最后,在通常会自动维持在全流通状态的情况下,在繁荣时期缺口将是负的,在此期间应该按照缺口的水平使所征税收高于预算支出;而另一方面,当出现衰退时,应该按照缺口的水平再次减税,其差额用增发货币来弥补。

在任何地方,都不能用在繁荣时期从流通中取出的款项,来"平衡"衰退时期增发的货币。应该严厉消除这样一个有害无益的想法,即州政府在中央银行面前所扮演的是一个从贷款人那里借债的商业投资人的角色。

在对我们主张的充分就业政策的初步论述结束之前,请允许我简要提及一下这一政策所可能产生的长期期望。我们今天主要的经济问题，都是由资本逐渐饱和和储蓄率增加引起的。除了这些导致了长期、大量失业趋势的问题之外，还有对那些被称之为贸易周期的商业波动的忧虑。我们已经提议，通过多次审慎地增发货币，来消除长期萧条和稳定就业。如果能做到这一点，贸易周期就失去了其推动力，而且在其自动加速的货币后果被消除后，私人投资率的变动也不会太剧烈。

另一方面，我们可能期望当充分就业体制建立后，商业投资量——由于没有了国民收入下降之衰减效应的阻碍——将有一个明显的增加。西方人口数量已经停止增长，因此西方国家可能会发现他们的资本设备正快速趋于饱和。在大量的建设活动有一个最初的爆发出后，将会出现一个快速的投资下降——因此，资本扩张速率上的波动也不会太严重。

因此，在一个合理的货币体制下，资本形成的过程将会是先加速，然后很快就减速，并逐渐走向终点。同时，我们正为之焦虑的资本饱和将成为——它应该永远如此——稳定和满足之源。这表示着一个艰巨的任务已完满完成，贯穿全过程的动荡也被消除了。

第二章
苏联的充分就业

社会主义是另一种选择。 社会主义情况又如何呢?直白地说,公有制和社会主义计划经济是否提供了另一种保障充分就业的方式呢?苏联不是成功地采用了这一方法,其政府不是早在1930年就宣称,苏联已经消灭了失业吗?

为回答这一问题,这里我将简要概括一下苏联的经济史,并且证明,这个国家消灭失业并不是采用了更直接的方法,而是通过采用前面我所描述的同一方法实现的。苏联的充分就业并不是通过中央机关把人们分配到指定的工作岗位这一社会主义方法实现的,而是通过维持一个让劳动力市场处于通胀压力之下的预算赤字实现的。所采用的强制性的劳动力管制,仅仅是或主要是为了解决通胀压力所导致的对劳动力的过度需求这一难题。这些压力远不是为了实现充分就业,相反,而是由与生产毫无关联的充分就业或过度就业所致。

社会主义计划。 苏联在1917—1939年间的经济发展,可以分为四个阶段,其中第一个阶段——先把早期徒劳的用工人理事会代替资本家经理放到一边——可用通常所说的"战时共产主义"措施来描述。在1919—1921年期间,所有的工业都实现了国有化，并通过根据中央计划将生产任务和资源分配到各个企业，来努力实现由中央指导企业经营。这个制度旨在消灭以货币计算的会计制度，因而试图将所有的商业准则排除在工业生产管理方式之外。实际上，它是在落实一个由中央制定和指导的社会主义经济规划，这个规划不是为市场而生产，而是为了社会利益——社会利益是由最高经济机构来评估的——而生产。

劳动力配置——像其他所有生产资源一样——是由中央通过将每个人强制安排到一个合适的工作岗位来实现的。要说出后一项工作（指将个人安排到合适的工作岗位——译者注）的完成方式是不可能的，因为整个的实验从一开始就失败了，随后又很快被日益加剧的灾难所淹没：在1920年的最后一个月和1921年的第一个月——在完全恢复和平后——这些灾难在程度上迅速加剧，因而不能像通常所说的那样，归咎于国内或国外战争。相反，它们是实现社会主义的最初目标的崩溃——之所以要实现这个目标不是因为战争，而是像当前的资料所清楚表明的，无论战争如何它都要实现。应将它们归咎于这样一个事实，即在一个由中央计划和指导的经济中的尝试，必定以管理上的混乱和完全瘫痪而告终。苏联肯定也是这么认为的，它们再未有意识地尝试建立一个中央指导的经济。

国家资本主义。苏联的制度发展的第二个阶段是在共产主义制度中的一个剧烈反应，它催生了一个国家资本主义制度，即通常所谓的"NEP"。模仿资本主义最像的是其指导原则。虽然所有企业皆属国有，但它们获得了完全的经营自主权，并可以按照严格的商业标准来获利。

在这一制度所展现的各种不寻常的现象之中，我们这里特别感兴趣的，是对亏损企业财务处理上的两难困境。如果国有银行继续为企业的亏损而买单，这就意味着放弃了对其效率的有效控制；如果不这么做，亏损将导致亏损单位的经营难以为继——这很可能会引发大量失业。苏联政府严格按照资本主义的原则，选择了后一种做法，并在所谓的"剪刀"（scissors）危机中，迫使企业以极其低廉的价格出售股份，从而导致了大量企业破产。这一事件表明,国家资本主义如果按照标准的财政原理来管理,很可能会像私有的资本主义那样,导致严重的失业。无论如何,最终放弃 NEP 是出于政治原因,而非出于经济原因。这一制度的成功使自主经营的大量农民的地位大大提高,但它却在根本上降低了共产党的士气。

第一个五年计划时期。这使我们进入了苏联实验的第三个阶段,即所谓的第一个五年计划时期,这对我们特别重要,因为它使苏俄消灭了失业。我们将对这一阶段进行详细分析。

第一个五年计划(1928 年 10 月 1 日生效)安排了一些重大的新投资项目,并促进了工农业生产的普遍增长。同时,企业经营自主权被废除,开始在大范围内实行集权化。大量企业被并入工业联合企业中(Industrial Combines),而工业联合企业又承担着在技术和商务方面对这些企业进行指导的职能,负责它们的采购和销售,并向它们供应劳动力[1]。企业现有的双重财务责任被严格区分开来。1930 年 1 月 31 日的信用改革禁止企业之间的信用转让,所有的交易都必须用现金进行。此后,只有国有银行(Gosbank)才能转让信用,对于所有的到达支付期限的款项,国有银行都有权代理。卖方将账单提交给银行后,被按照实价计入贷方,这一款项随即从买方账户中收取。

这个制度因为过于集中而注定要崩溃。在经过了一年半的实验后,斯大林宣布:"显然,由一百多个企业组成的联合企业的总裁很难了解这些企业及其生产情况。"[2]有了这种指令,或者没有指令,即使没有银行所带来的额外障碍——即以另外的企业认为合适的交货价格来给它们记账,企业都无法盈利。企业经理所能够收到的唯一清晰的指导,是政府公开宣布的——不,是高调宣传的——不惜一切代价扩大生产的政策。除了无视清偿能力在普遍混乱之中抢夺原材料和劳动力,以扩大产量之外,

---

[1] 参见 L. E. Hubbard, *Soviet Money and Finance* (1936), pp. 28—30。这一措施又恢复了一系列职能与 1919—1921 年的管理委员会(Control Boards)相类似的机构。比较 B. Brutzkus 的 *Economic Planning in Soviet Russia* (1935), p. 149。

[2] 1931 年 6 月 23 日的讲话,7 月 5 日发表。

它还能干什么呢？政府除了为由此而引起的亏损买单之外，还能干什么呢？请听听工农检查委员会主任奥尔忠尼奇泽（Ordzhonikidze）在1931年初举行的企业经理大会上的发言吧："我们所有的支付都通过国有银行，而企业没有任何实际责任……工资支付和你（企业经理）毫无关系。产品质量无论好坏都能卖出去，人们拿走了你的产品然后进行分配。"①无怪乎斯大林在1931年中发现"很多企业长期以来不记账、不估价，或者没有收入支出报告……"②。这种情况自然使人想起了最初的不用货币的社会主义经济思想。据Reddaway的说法，人们常说："如果所有的东西真的都属于我们，那么相互记账又有什么意义呢？为什么会停产，仅仅因为企业的信用枯竭了？而信用只不过是一个金融把戏！"③

当某一商业亏损被——银行、个人或政府——付清，其作用相当于一个新增投资。它是一个用于商业资本的新贷款，它对货币流通的作用与在一个新增投资上的支付完全相同；它肯定要增加流通。因初次出现亏损而投入流通的钱，自然会再次增加（只要它没有被储存起来），起初以新增购买力的形式，然后它会增加某些企业的利润——政府也可以没收这利润，从而导致流通再次降低。但只有在额外的货币进入流通，并引起了实际价格的普遍上涨后，这个降低的过程才会起作用。价格上涨的结果必然是工资坚挺，从而阻碍流通的降低。如果用来支付亏损的钱被源源不断地投入生产，政府保持货币流通平衡的唯一可行的方法，就是需要预先估计用来支付亏损的补贴数量，并每年征收等量的所得税。但是，苏联政府似乎并未尝试采用这种极端的紧缩措施，因为在随后的几年中一直有货币过度扩张的迹象。

无论如何，直到1931年，因政府支付亏损而引起的扩张趋势并未遇到任何障碍。随后的通货膨胀可以看作是对劳动力的极大的过度的需求，同时伴以劳动力流动的灾难性的增加。1930年，煤矿业的劳动力流动达到了当时就业劳动力数量的三倍，这样一来，每个劳动力在自己的工

---

① 转引自B. Brutzkus, *Economic Planning in Soviet Russia* (1935), p. 163。
② 见1931年6月23日的讲话。
③ 见W. B. Reddaway, *The Russian Financial System* (1936), p. 79。

作岗位上平均只待三个月①。这种劳动力的波动肯定要引起严重的混乱②。这种状况在官方所采用的对策中也反映出来,包括限制劳动力流动,强制劳动者接受劳工介绍所提供的工作,采用劳工通行证(labor passport),对旷工予以惩罚。

正是在这种经济灾难之中,苏联政府发现它已经在企业中消灭了失业。1930年10月9日,消除失业作为苏联的一个优越性被正式宣布。

这种情况与西方所通常认为的情况完全不同,西方人认为,苏联政府通过建立一个合理计划的经济体制,让每一个公民都能够获得一个有用的角色,从而消灭了失业。而事实是,恰恰在苏联经济迅速跌入混乱的深渊的同时,俄罗斯出现了一个与这个灾难密切相关的、爆炸性的通胀性扩张,这种扩张在极短的时间内将全国所有的劳动力吸收殆尽。

这一系列事件的动因,无疑是斯大林实行中央计划的企图。正是这个企图所导致的过度集权,使企业进入了一个混乱无序的状态,同时还解除了它们清偿债务的责任。它还是计划官员们——无视亏损——让所有产业持续运营的方法,其结果必然是支付所有的商业亏损:通过增发大量的货币来消除失业。但经济计划的这些效果并不是有意产生的,而且可以通过适度的货币政策而很容易地得到。

新投资。这里我们必须说一点离题的话,以回应读者心中肯定会出现的一些反对意见。第一个五年计划的通常情况是,有意识地压缩消费品生产,并将现有资源用于大量的建设项目。由此所导致的商品匮乏的严酷事实,可以说明它们这方面的工作达到了何种程度。因此,读者可能会问,那些所谓的超量投资,对于消除失业来讲是否并未过量。虽然有人说,这种做法从理论上讲,与资本主义繁荣时期的做法并无二致,但整体情况与上面所言仍然是大大不同的。

这种观点必须得到解释,即使有离题的嫌疑也在所不惜,否则苏联体制后期的情况就无法得到恰当的理解。

---

① 见 L. E. Hubbard, *Soviet Labour and Industry* (1942), p. 57。
② 参见 E. Strauss, *Soviet Russia* (1941), pp. 232—233。

我们首先阐明,第一个五年计划最初的意图并不是自我否定的。根据 G. T. Grinko 在 1930 年发表的《苏联的五年计划》(*The Five Year Plan of the Soviet Union*, 1930),最初的计划以详尽的资料预计,在各个领域和对于各地的人口,消费都有大量的增长。这一官方出版物在第 304 页说:"……至于最重要的消费品,五年计划将使人均消费翻番或差不多翻番。"

此外,俄罗斯本身随后的发展说明,人们所被迫承受的严重的物质匮乏,并未显示出国家的建设成就。无论第一个五年计划时期的投资量有多大——稍后我们将处理这一问题——毫无疑问,这个量在第二个五年计划时期将更大;在此期间,在第一个五年计划时期所大力扩张的煤炭业和钢铁业,使更大的投资有了可能。但是,1930—1932 年的困苦要比 1933—1937 年严峻得多。事实上,到 1936 年,斯大林可以不无道理地大声叫嚷:"同志们的生活已经得到了改善,生活是快乐的。"

尽管投资率继续增长,但在这一时期的后期,不仅供应变得充足了,而且已有的通胀压力也大大减轻了。在 1932—1939 年的七年时间里——期间的投资率一直高于 1930 年和 1931 年——已有的通货膨胀特征从未达到像 1930 年和 1931 年那样猛烈而不可控制的程度。因此,显而易见的是,苏俄在计划早期所经历的供应严重不足和严重的通货膨胀,都不是因为投资规模问题。

通过引用投资率的实际数据,这一结论可以得到证实。这些数据表明,在第一、第二个五年计划期间,苏联将国民收入用于投资的比率并不是特别高。这一问题似乎以前从未得到研究,根据最适用的数据——附录Ⅲ中将提供更详尽的资料——而计算的结果表明,在 1928—1932 年,国民收入每年用于投资的比例是 8.5%。根据 Colin Clark[①],在 1934—1937 年,国民收入用于投资的比例是 14.2%。我们来对照一下 1925—1930 年间的一系列数据,就单个年份来说这一时期的数据是最完整的。国民收入用于投资的比率:英国为 7.6%,美国为 10.9%,法国为

[①] 见 Colin Clark, *Conditions of Economic Progress* (1940), p.406。

11.2%，德国为7.7%，瑞士为12.6%，荷兰为19%，西班牙为10.9%，日本为19.8%，澳大利亚（1928—1930）为7.2%，新西兰为11.5%，奥地利为7.3%[①]。显然，无论是与这些国家的投资相比，还是与俄国自己随后时期的投资数据相比，第一个五年计划期间8.5%的投资率相对适中，它本身并不能成为这一时期供应不足和过度通胀的原因。

1932—1940年。现在我们来研究苏联经济发展的第四个阶段，并更加详细地来研究这一时期所实现的普遍改善——在前面的论述中我们已经提到。从它在企业经营上重新引进资本主义方法的强劲势头看，这个时期有点类似于NEP；但它并没有产生像NEP那样严格的国家资本主义，因为企业并没有完全的财务独立性，而是处于国有银行严格的日常控制之下。

在这种制度下，国有银行起着金融家和金融控制者的双重作用。它希望以此来解决企业无清偿能力的困境。如果一个国有银行能够通过迫使无清偿能力的企业退出经营而仅仅起到一个债权人的作用，它将重蹈NEP不尽如人意的覆辙。这是不允许发生的；"当企业无清偿能力时，唯一要做的是采用新的资本供应和启用新经理而从头再来"，Reddaway写道[②]。"可以说在实践中，没有任何一个债务企业因没有清偿能力而被出售和关闭"，Hubbard说[③]。但要阻止这种做法像1930—1931年那样诱发大量的补贴，银行有责任对其客户企业的每一项支出都进行严格的资金控制。在政府保障企业不会因为无清偿能力而关闭的情况下，这样至少可以期望能够降低这种企业制度所注定要引发的通货膨胀压力。

因经理的责任并不限于追求利润这一事实，通货膨胀压力而得以增大。企业不仅要维持清偿能力，而且在某种程度上要实现上级下达的计划。在两者发生冲突的情况下，后一个目标优先于前一个。经理经常要罔顾盈利情况而执行计划；或者漠视规定的价目表。Hubbard写道："无

[①] 见 Colin Clark, *Conditions of Economic Progress* (1940), p. 406。
[②] 参见 W. B. Reddaway, *The Russian Financial System* (1936), p. 25。
[③] L. E. Hubbard, *Soviet Money and Finance* (1936), p. 231。

法保障原材料供应,不能成为无法提交计划产品的理由,这样企业经理可能不得不支付一定的预订金,来获得所需要的材料和物品。他自然会通过调高最终产品的价格来弥补成本。"① Gourvitch 观察到,虽然有各种规定,但不按计划或非法的调高价格的情况相当普遍②。企业之间的串谋普遍存在,例如低档产品被当成高档产品,以掩盖抬高价格的行为。对苏联生活的这一特征的最新描述,见 Hubbard 的书中的下面一段文字:

> 当计划不符合现实时,另一个漏洞出现了。由于计划不完善,对某种原材料的需求,或者很可能对半加工品的需求,会超过供给,一个企业经理可能会发现,因为某种必需品的缺乏,他的工作面临着中断的危险。但这不能成为他无法完成计划的借口,因此他会努力通过非正常手段来获得他所需要的东西。那就是通过与供应企业的私下交易,或者是金钱交易,或者类似的交易,使供应企业按照固定价格增加对他的供应。例如,一个钟表厂,可能会送给另一个生产铜制冲压件或者弹簧钢或者玻璃的工厂很多钟表。这被称作拉关系,很多工厂都有商业推销员服务,他们的主要工作就是商讨此类交易。

这种情况既说明了在实现计划方面行政压力所起的作用,也说明了由这种压力所引起的通货膨胀状态的作用。无视盈利情况而追求计划目标必然会导致亏损,当银行为了亏损而买单时,亏损必然会引起货币扩张,由此而导致的对物品的需求膨胀又进一步强化了增加产出的动力。上面 Hubbard 所描述的情况,实际上几乎适用于战时的所有国家,因为在战争期间既有趋于扩张的行政压力,又有通胀压力。在这种情况下,一个积极性高的经理就不会再顾及合法性问题;这也同样适用于负责原料采购的政府官员。负责重要工厂的产品——或者负责医院、军队调遣的福利工作——的官员,只要他无法解除其职责,就只能投身于对供应品的

---

① L. E. Hubbard, *Soviet Money and Finance* (1936), p.231.
② 参见 A. Gourvitch, *American Economic Review* (1936), p.276 (另见本书的第69页)。

普遍抢夺之中——无论其方法多么隐蔽。严格遵守已经行不通的规则,有时等同于蓄意破坏。

我们已经清楚地展示了俄罗斯是如何消灭大规模失业的。此前我们曾看到,因为一个无节制的货币扩张潮,这个目标早在1930年就实现了。现在我们会看到,为弥补商业亏损而源源不断的补贴在此后的几年中一直维持着苏联经济的通胀趋势,一个持续存在的普遍的货币需求使失业保持在最低点。

在整个1932—1940年,通货膨胀的迹象也已经出现于消费品市场。为了利用任何所能够得到的商品而不加区别的采购现象仍普遍存在。最明显的案例出现在1937年,填充枕头的羽毛突然大量地提供给公众,"那一天出现了一个奇怪的景象,大街上满是提着麻袋和枕头的人,羽毛不断地被微风吹出来"。作者还描述了另外一个类似的情况:满大街的人都提着镀锌的铁制洗衣盆①。一个更严重的通货膨胀征兆是随处可见的排队现象,对此,很多不同的观察者都作为当时习以为常的现象而报道②。

Gourvitch已经对劳动力市场上的货币扩张效应进行了清晰的分析③。他写道:"通过对生活必需品和工资价格的管制来保障低货币成本供给工业劳动力的做法,一点也不成功。官员们不情愿但却持续不断地被迫按照计划的财务要求,不断地大幅度提升零售价格,其结果是生活费用大幅提升,而不是像计划的那样下降。工资管制也无法阻止这种现象在工资增长上反映出来,虽然它们有效地让工资滞后于零售价格,并放缓了货币开支的逐渐上升。"如果这个过程得以维续,企业激烈争夺劳动力现象,以及由于对劳动力不加区别地安置和劳动力的不稳定性而带来的浪费现象也会持续下去④。劳动力的大量流动以及不正常的旷工倾向——即著名的劳动力市场上过度需求的伴生物——显著存在。对这种现象的应对措施,对就业变更和旷工的进行惩罚的指令,使这种现象一次

---

① 见 L. E. Hubbard, *Soviet Labour and Industry* (1942), p. 183, 所指年份是1937年。
② 例如,见 L. E. Hubbard, p. 242。
③ 见 A. Gourvitch, *American Economic Review* (1936), p. 276。
④ 见 W. B. Reddaway, *The Russian Financial System* (1936), p. 83。

又一次地发生。1939年和1940年苏联颁布的冗长的极端严苛的新劳动法表明,劳动力的过度流动已经成为对生产过程日益严重的威胁①。所采用的此类强制性措施,被当成在苏联实现充分就业的措施,实际上它是在试图让劳动纪律免于充分(或者过度)就业状态的有害影响。所采取的这些严厉措施只能反映了这个体制的专制特征,不过,当出现了通货膨胀压力并引起对劳动力的过度竞争性需求时,任何政权都有采取此类措施的理由。

在不存在私人投资的情况下,苏联扩张货币的唯一途径就靠财政赤字。鉴于公众积累私人储蓄的倾向很弱(可能是因为价格上涨的趋势),只有税收能起到紧缩作用。利润增加对投资的刺激作用可能不太明显,虽然盈利企业的再投资肯定在这方面有某些作用。有了这些改变,苏联货币流通和就业水平之间的关系,和在私有企业制度下是一样的。

G. D. H. Cole先生推断,资本主义和社会主义在充分就业状态上有着根本的区别。他认为:"在一个根据公众利益来管制收入和价格的社会主义经济中……下面的结果是不会出现的,即只要物品和服务的生产随货币供应而同步增长,货币供应的增加就会提高价格或激发工资上涨。"②但是,假定物品和服务的生产随着货币供应而同步增长,这两种制度下的价格和工资都不会增长③。如果没有出现货币供应(或者是货币收入和以货币形式表现的需求)超过物品和服务生产增长的趋势,这两种制度都不会实现充分就业。俄罗斯的案例所表明的是,不间断的通货膨胀征兆自始至终地贯穿于实现充分就业的时期之中。

有人可能认为,俄罗斯几乎完全缺乏的私人投资以及在社会主义企业中追加投资的倾向的相对微弱,使得他们与资本主义相比更容易控制通货膨胀趋势。但实际上苏联的制度表明,它在面对货币流通的大量增

---

① 参见 L. E. Hubbard, *Soviet Labour and Industry* (1942)(最新劳动法), pp. 95—103。
② 见 G. D. H. Cole, *The Means to Full Employment*, p. 43。在下一页,Cole先生将俄罗斯的案例看作是完整的社会主义体系。
③ 货币供应预先假定为变化的,而流通率却保持不变,否则,其关系就毫无意义。

加时特别无能为力。似乎可以合理地断言,需要用补贴来弥补下属企业财务亏损的政府控制方法,使得社会主义政府在货币流通变化方面,比通过严格的法律审批来保障所有企业的清偿能力的资本主义政府更无能为力。

由于通货膨胀倾向,俄罗斯经济避免了——正如 Reddaway 在 1936 年所观察到的①——失业所带来的浪费,并在很大程度上弥补了过度集中的体制的短处。这种通货膨胀倾向也成为苏联政府宣传自己的成功的最大理由。普遍争夺劳动力和物品的热烈气氛——在这种气氛中似乎工作岗位和客户都很充足——在很大程度上使那些来自遭受普遍失业的国家的客人对苏联的成就赞叹不已。完全没有经营失败和解雇现象,以及宏大的深思熟虑的中央计划,看起来好像是,一种指导经济生活的新方法已经消除了所有的不确定性和竞争的焦虑。实际上,从乐观的流动性背景来看,一连串显著的公共投资的表象,使观察者们不得不相信,一个崭新的全面而效果良好的经济大国已经被建立起来。

的确,苏俄的官方政策对任何批评的压制,阻止了人们对其经济制度所产生的苦难和浪费表达自己的愤恨;但它对俄国人积极的开拓精神的实实在在的感染力(appeal)也是不可否认的。从货币扩张状态中也散发出了类似的感染力。在德国希特勒政权的最初几年,甚至在英国战时的艰苦岁月都能感受到这种感染力。通货膨胀的氛围似乎有一种刺激作用,这种刺激作用在今天的大众看来能够抵消物质上的麻烦,甚至能够抵消隐蔽性的道德状况。在确定一个就业和国民收入的理想水平时,这种大众倾向肯定会成为一种重要的、在某种程度上我认为是合法的因素。

---

① 见 W. B. Reddaway, *The Russian Financial System* (1936), p. 84。

第三章

为战争而扩张经济

在苏联庞大的计划时代之后,紧接着是纳粹时期德国经济生活的扩张,德国的扩张对于陷入20世纪30年代大萧条的西方民主国家来说,印象极其深刻。当希特勒在1933年上台时,德国的登记失业人数为600万;以至于当在两年之内这一数字降低到三分之一时,整个世界都为这一经济政策的奇迹所震惊,同时,希特勒也因此而获得了德国人的强烈拥戴。

通过启动大规模的公共工程,加以对私人企业施加扩张压力,希特勒似乎克服了失业。通过迫使老板雇用更多的劳动力,人们首先在大型建设项目——例如,道路和公共建筑——中获得就业机会;同时,通过刺激私人支出,出台了各种诱导消费的措施(例如结婚贷款)。到了1936年,这种提供工作机会的政策(Arbeitsbeschaffungs programm)并入了重整军备和为战争期间能够自给自足做准备(Wehrwirtschaft)这种大规模的行动之中。1937年初,德国已接近充分就业状态。

当英国和美国开始切实地为战争做准备时,类似的就业扩张也出现在了英国以及随后的美国。英国于1937年开始重整军备,1938年已经强烈地刺激了该国的就业;1939年战争爆发后通过加强军备,很快就实现了充分就业。早在1939年,英国的重整军备就已经刺激了美国的就业,随后几年美国也开始重整军备,就业很快就达到最高点。

1940—1941年,世界面临着这样一种情况:几年前在德国、英国和美国还处于闲置状态的大量资源,在政府的掌控下被重新动用起来。政府不仅是一个以自身的需求来身体力行的主要的鼓动者,而且倾向于用政府控制措施来取代商业管理和私人竞争;它在这里确定价格,在那里分配物品供应,提供补贴和津贴,采用上千种方式对生产和分配的每一个阶段都进行干预。政府这样做似乎想告诉人们,政府仅仅通过强制恢复生产和扫除资本主义障碍,它就能把人们所有的潜能都释放出来,就能让每个人都幸福快乐。看起来似乎坚定的经济计划真的消灭了失业。现在的问题似乎是,可否按照为了战争而规划重整军备的成功做法,来规划和平时期的生产。

根据凯恩斯的失业分析,我们不会承认这些结论。因为我们认为在所有这些情况中经济扩张的根本原因都是预算赤字,无论是希特勒的"创造就业机会的政策"和军备竞赛,还是英国和美国的战争性生产,都主要靠预算赤字支持的。如果这些活动都用现有的税收来支持——目前就是这么做的——就不会出现总就业数量增加的结果;而另一方面,如果在没有出于公共目的的新需求的情况下出现了同样的不平衡支出,同样的(或非常类似的)就业扩张也会出现。可以证明,政府通过固定价格、定量配给等形式来进行干预只能是偶然性的措施,对经济扩张不可能起作用。这些措施的部分目标是一次性地消除可能会与政府需求相竞争的私人购买力,并根据战争需要来重新分配私人收入——另外部分目标是防止过多的货币进入市场,从而超过市场上的物品额度,并导致物价和工资无节制的增长。

我将按照这些观点来简要描绘战时扩张现象。

希特勒消除失业。直到1937年,希特勒的公共工程和重整军备计划主要是由"特殊钞票"来资助的,这些"特殊钞票"实际上是政府要求德国国家银行(Reichsbank)支付所要求的款项而发行的纸币。这些交易的账目并没有公开,但据德国人估计,到 1937 年末,其总额达到了 160—170 亿马克①。此外还有大约 10 亿的"税单"(tax certificate)进入了当时的流通,按当时 1 英镑等于 12 马克计算,总计增加了 14 亿英镑的流动债务。此外,还增加了大约 100 亿马克(相当于 8.4 亿英镑)额外的长期贷款②。大约 5 年之内出现的总额为 22.4 亿英镑的非平衡支出,平均每年达 4.5 亿英镑;这与 T. Balogh 的估计是大体一致的,即在 1936—1938 年,每年的公共贷款支出大约为 60—70 亿马克,亦即 5—6 亿英镑。与此相对照的是,英国为保持充分就业所需要的预算赤字大约为每年 3 亿英镑(见后面的第 118 页)。这与当时德国就业水平的上升相比,其数额肯定是足够大的。的确,私人公司也被引导用自己的资金来资助政府的部分项目,而且私人储蓄也受到了增税的压力。但这些措施本身不会导致充分就业。

有证据表明,德国金融机构也清楚这个货币程序,正是借助于这个货币程序,它们恢复了就业,并密切观察着它的缺陷。《法兰克福报》(*Frankfurter Zeitung*)1936 年 2 月刊的一篇题为"*Die Wirtschaftskurve*"的文章恰如其分地分析了当时的形势③。它指出,在前一段时期,德国的货币流通扩张是以纸币和银行存款的形式进行的,但是,通过闲置劳动力的再就业使这个额外的购买力得到了完全的利用。它还提到,最近在国外原材料方面遇到了困难,而且由于就业暂时受阻,一个通货膨胀趋势开始出现;它建议,应该通过增税来抵消这个趋势。

希特勒仅仅通过强制闲置劳动力来生产军火——用独裁的锐利武器来迫使他们服从——来消除失业的想法实际上是加倍错误的。即使没有将管理责任有效地转交给政府,德国在 1937 年初的经济总量也已经非常接近于满负荷。无数的新规则限制了企业管理部门,在很多情况下,企业管理部门不得不从各种新经济机构那里申请许可来执行自己的计划。但在这些规则范围之内,企业管理部门仍可全权负责本企业的经营,仍可按

---

① 参见 K. A. Hermann, *Deutsche Wirtschaftszeitung*, 28 April 1938, 转引自 C. W. Guillebaud, *The Economic Recovery of Germany from March 1933 to March 1938* (1939)。
② 见 H. W. Singer, *German War Economy*, Manchester Statistical Society (1943)。
③ 转引自 Haberler, *Prosperity and Depression* (1938), p. 259。

照以获得商业成功为目的的商业规则进行交易。这些新的规则和控制措施几乎都不是为了提高就业水平。其真正动因反而是：首先，德国不愿意马克对外贬值，从而导致了德国出口的下降，和相应的进口下降，这样一来，外汇必须实行配给制，所有的进口材料都变得稀缺起来；其次，为了满足"国防经济"（Wehrwirtschaft）的需要，这些稀缺材料（以及国产的相应材料）都被强制性地从民用转向了军用；第三，通过固定价格来努力组织国内物价上升（总体上是不合理的）。当我们论述美国和英国战时控制时，我们将更详尽地分析这些论点。

下面这一事实也能够否定希特勒仅仅让失业人员生产军火从而让他们获得了工作的说法，即被重新雇佣的很多工人都是生产消费品的。根据价值稳定的生活费用指数计算的零售贸易营业额，在1929—1937年呈现出如下变化：

1929年营业额	360亿马克①
1932年营业额	285亿马克
1937年营业额	376亿马克

虽然工人阶级所未消费的物品的价格上涨幅度大于生活成本所标明的价格（Guillebaud注意到这些数据），但毫无疑问，1932年以来，消费品生产有了大量的增加。人均食品消费的详尽数据证实了这一事实②。

这就是即使在1938年以前德国是如何实现接近充分就业状态的，1938年，德国占领了奥地利和捷克斯洛伐克的一部分。1939年，它继续侵略，并通过进攻波兰发动了当前的战争。此后德国的经济问题和其他国家的战时经济都一样了，下面我将论述其他国家的战时经济。

战时就业和战时控制。 Bretherton、Burchardt和Rutherford对英国早期的重整军备及其对就业水平的影响已经有所研究③。这些学者的观点——其理论基础与本书是一样的——与我的文章不谋而合。在他们看

---

① 见 *Frankfurter Zeitung*，1 April 1938，转引自 Guillebaud，op. cit. 207。
② 见 Guillebaud，op. cit. p.207。
③ 见 *Public Investment and the Trade Cycle in Britain* (1941)。

来，只有支出没有被现有税收收入所弥补时，重整军备才能创造额外的就业机会。"大家普遍认为"——他们写道（这只是现代经济学家的观点，而不是公众所普遍持有的观点）——"税收收入在工程上的支出并未增加总收入和就业，而是由政府实施的将收入从一个接受人的口袋转移到另一个接受人口袋的一种收入转移，也是将劳动力从一种活动转向另一种活动的类似转移。"①

重整军备对就业水平的显著影响，到 1938 年才在英国看到，当时，美国前一年发生的急剧衰退已经扩散到英国，因而英国也出现了一个贸易衰退趋势，但因为动用 7 500 万英镑的贷款来重整军备从而增加了就业，这一趋势实际上被消除了②。这里值得整段地引用作者对此的评论：

> 考虑一下下面的问题也是很有意思的，即在其他条件不变的情况下，如果政府没有借助于借债，而是或者削减国防开支，或者增加税收收入，将会出现什么结果。以 1938 年为例，假如政府曾努力平衡预算，也没有因国防工程而贷款 1.2 亿英镑。这将意味着初次减少了 500 万至 600 万人/年的就业，进而假定乘数为 1.5—2，就业减少总量将会是 750—1 200 万人/年。如果再考虑到就业减少对企业家投资决策的信心的影响以及类似的心理反应，其结果很可能是失业人数将达到 300 万人，而不是实际的 180 万人。经济萧条程度将比 1932 年严重得多，而且期限也可能延长③。

基于 1938 年和 1939 年的经验（限于他们所拥有的资料），作者估计，这些年中要降低 100 万人的登记失业，需要 2 亿英镑的非平衡支出④。

---

① 见 *Public Investment and the Trade Cycle in Britain* (1941), p.88. 应该附加到这一说法上的某些先决条件已经在前面第 50—53 页论述过了。
② 《国民收入和支出白皮书》(*White Paper on Natioanlk Income and Expenditure*), Cmd. 6347.
③ 见 *Public Investment and the Trade Cycle in Britain* (1941), 第 92 页。实际的贷款数只有 7 500 万英镑，而不是 1.2 亿英镑，但这并不影响我们的论证方式，也不会削弱主要结论。
④ 见 *Public Investment and the Trade Cycle in Britain* (1941), 第 96 页。

这个数据虽然不太确定，但却很重要，因为它是对政府财政对于就业水平的影响的最早的具体估价之一。对于就英国1938年的情况下非平衡支出对就业水平的影响的进一步的分析，见后面的第六章第118页。

对于美国在其近来的重整军备的过程中达致充分就业的步骤，前面已经按照现代经济理论的观点进行了一定程度的论述。我们前面已经多次引用的Stone先生的著作，已经提供了这方面的证据。美国的重整军备肇始于1940年的夏天，但直到1941年才启动。公共当局的赤字在1940年是23亿美元，1941年是34亿美元。在1942年的第一、第二季度分别增加到了132亿美元和251亿美元。与此相对应的失业数量分别是：1939年为16.7%；1940为15.0%；1941年为6.1%；1942年为−1.0%[①]。实际上正是根据这些资料，Stone先生对1929—1942年间为了在美国实现充分就业而必须弥补的缺口做出了估计（见前面的第26页）。

重要的是，英国和美国并没有像德国一样，将闲置资源的再利用仅仅局限于增加军火生产的过程；相反，民用生产是同步增长的，直到达到充分就业状态后。特别是在美国，在1940年、1942年所采取的早期的重整军备措施，伴随着大众消费水平的明显增长。其实际数据为（按照1942年的基准价值）：1939年为617亿美元；1940年为651亿美元；1941年为700亿美元；1942年为697亿美元[②]。

在这两个国家还有一个明显的事实，即战争期间的各种经济控制措施并未促进充分就业。战时控制的首要目的，是将用于民用消费的资源抽走，而不必与民用购买力竞争资源。例如，由于世界大多数的天然橡胶生产都落入了日本人之手，美国政府就强制性地没收所有的橡胶供给，因为政府唯一可用的其他手段就是用很高的价格来购买橡胶，而这个高价格将使世界所有的橡胶都卖光——这样一个政策将使橡胶囤积商获得大量的非劳动收入，这一政策在道德上是站不住脚的，而且具有非常有害的

---

① 见 *Monthly Bulletin of Statistics of the League of Nations* (1944)。负数表示劳动力雇佣数超过了正常的劳动力数量。

② 参见 *National Income and National Product* (1942)，作者为 Milton Gilbert and George Jaszi，载 *Survey of Current Business* (March 1943)。

通货膨胀作用。战时消费品的配给制也是基于同样的理由。例如,当由于进口的减少导致黄油的供应减少时,应该通过配给制让穷人获得合理的份额。另外的方法是,或者通过对富人征税让他们变穷,或者增加穷人的收入,让他们有能力有效地与富人竞争黄油供给(就目前的消费来说,它与前一个方法是一样的)。但用这两种方法对黄油分配都不如直接采用配给制更经济——正如将橡胶价格提到很高的水平,将使橡胶的利用比采用直接控制供给更节省——这样做所需要的在货币和收入量上的变化是行不通的,所以采用配给制更有利。

从本质上讲,军火的生产与其他生产企业并无不同,因此由政府控制或经营,其生产也不会更有效率。假定像英国和美国这样的国家需要在未来永远保持像战时那样军费开支比率,要达到这个目的,最经济的方法就是调整价格和收入结构,因此而避免实行对材料进行行政控制和对消费品实行配给制。政府自然会继续集权式地集中调节其采购行为,以便按照一定的价格最大可能地获得军用设备——在充分考虑了国外情况后进行选择。旨在获得各种最好军械的采购任务的集权化,很可能是恼人的,因此决策也可能是缓慢的、官僚化的、形式主义的和不确定的;但是,根据这些决策来进行生产活动的工厂,将会根据商业管理的惯常原则来自由处理自己的事务。

战争控制的一个重要作用就是抑制与充分就业趋向相伴生的通货膨胀趋势。通货膨胀趋向是战时的不二法则,因为在征收的税赋足以抵消通胀效应之前,就需要大量增加公共支出。(此外,由于过高的税负不得人心,平衡财政收入的工作会因此而受阻。)通货膨胀趋势需要用配给制和价格控制来抵消。不消说,此类措施——以及上述其他措施——都不能消除失业,相反,它所起的作用只不过是阻碍从可能实现的充分就业中所出现的危险。

一般地说,在管理过程中所嵌入的战时控制规则的范围无论多窄,这些规则的性质都是放任性的,而不是规定性的。《国家支出特别委员会第14个报告》如是说:"这些方法的一个基本性质,就是在战时尽可能地保持现有的商业结构,使政府能够让买方远离私人企业,而不是使自己成为主要生产者。"①因此，其动机仍然是企业的个性化管理。所有的在计划、组织、员工配置、指导、协调方面的日常决策，包括人员、目标、地点、措施和时间等具体抉择，都由企业自己掌握。

---

① 见 *Fourteenth Report from the Select Committee on National Expenditure*（《国家支出特别委员会第14个报告》），Session 192—193，H. M. Stationery Office，4 November 1943，no. 126，p. 6。

第四章
充分就业的内在问题

确定流通水平。 前两章已经指出了实现充分就业的各种困难。现在我们会看到，选择一个正确的货币流通水平是多么重要的一个问题。显然，这将成为预算方面每年都需要做的一个最重要的决定。

有两个目标是相互竞争的，我们必须在它们之间找到一种妥协。流通——亦即用货币来表示的国民收入规模——必须足够大，以便对国内资源进行最可能充分的利用。这样，商品生产必须提高到最高水平。但是，又不能把流通推到一个威胁到金融稳定的水平。事实上，正常情况下，我们应该留有一定的安全余地来保持稳定，而不应该采用一系列限制使用购买力的冒险性规定来加以保护。也许要永久地限制投机行为和热钱的流动。但公众不会赞同在一群官僚和私人用户之间出现无休止的争斗局面。他们之所以不赞同，是因为他们优先考虑的是有更好的保障让他们的存款不贬值，而不是让警察采取措施来打击黑市、囤积黄金和货币走私。

扩张与价格上涨。 在第 8 页的图中我们展示了经济扩张的粗略景象，其中确定流通水平的规则似乎很简单。我们需要拓宽货币环，但似乎在达到充分就业后，我们就必须停止了。从这个图中似乎可以看出，当达到这一点后，生产会随着流通规模而相应地增加，而且扩张的过程不会伴随着价格水平的上涨。

但是，情况仅仅是大致如此。当流通扩张或收缩时，它总会影响到价格水平，虽然变化量大大低于全流通水平。理由其实很简单。我们来看一下货币流通收缩的情况。它将使高成本运营的、利润微薄的企业孤立无援；只有运营成本低的企业才能在紧缩的货币流中保持一个份额并持续运营。运营成本低的企业之所以能够维持，是因为它们有能力降价；它们也必须降价。因此，收缩使物价下降。扩展的过程正好相反并导致物价上涨。

这就是为什么实际国民收入的波动幅度不如名义国民收入高；第138页的附录1中关于1929—1941年美国的情况的图就说明了这一点。

流通的变化也会影响到工资率。但它们的变化是从属性的；工资会紧随物价升降来调整，但远远赶不上这些变化。所以，实际工资率的变化总是与流通和物价的变化方向相反；扩张将导致工资率下降，收缩将导致工资率上升。

在远未达到充分就业之前，这些关系注定在货币扩张过程中引发重大的社会问题。的确，随着失业的逐步减少，工人阶级的实际收入会增加；实际家庭收入也可能上升，甚至个人收入也因为加班会有实际的增加。而实际工资率的下降可能会理所当然地引起工薪阶层的不满。这就需要在额外的税收再分配中进行补偿，增加的工业利润是补偿的主要来源。

这种情况的危险性是基于下面的事实，即它可能会激发个人和雇员通过要求增加工资来扭转这个不利于他们的变化。任何试图增加工资来补偿物价上升的企图，都会使充分就业政策遭受挫折。它会使流通在达到一个满意的水平之前就变得不稳定。如果采取极端措施——例如通过有效地固定实际工资水平——它将使无论多么适度的就业水平的上升都退化为无节制的通货膨胀①。

由于工人要求增加工资的压力会随充分就业的趋近而快速增加,这就需要他们有强大的责任感来制止这种行为。要避免这种诱惑,只有让雇员和公众对总体形势有一个理智的认识,并让人们相信政府能够通过有效的税收再分配来公平地补偿雇员们的损失。在每一个阶段,一个成功的充分就业政策所要求的这种政治条件,是每一个阶段都需要的,在本书的剩余部分我们也将不厌其烦地对此予以强调。

政府本身也应该清醒地认识到扩张主义政策在价格水平上的含义。它必须避免为了阻止价格上涨而压制反通胀的管制措施,价格上涨几乎是流通水平上升的不可避免的结果。在1936—1938年德国就业恢复时德国政府试图阻止价格上涨,这就给德国政府本身和公众带来了很大的麻烦。我们可以将德国的情况和英美在战争第一年允许价格适度上涨的理智政策相对比。这样就对流通的增加有了一个调整,并且当最终不得不采取措施时,也能够减轻配给制和价格控制的残酷性。

通货膨胀的危险。当经济扩张达到劳动力就业已经相当普遍这样一个水平时,还会出现更大的困难。在各个行业中,各类熟练劳工都会有明显的短缺。在这样的水平上,生产活动的扩张会放缓,并落后于仍处于扩张中的需求。这样,某种产品的现有需求就得不到满足,此类产品的价格就会有急剧的上升,所有与此有关的生产要素的价格就会变得坚挺,包括形成最初瓶颈的那些劳动力的工资率。

在货币流通扩张潮中所出现的每一个新瓶颈,都会成为本地繁荣的重点。迅速繁荣的景象将使人们期望在其他地方出现更多的繁荣,并在一个并不存在短缺的领域引发抢购潮,从而促使新的短缺的产生。随后的普遍高利润水平使得商人们更加激烈地争夺劳动力,并很快抬高工资率。通过这些或其他类似的自动加速过程,流通最终失去了稳定,货币扩张将不可避免地陷入恶性通货膨胀。

---

① 见 J. M. Keynes, *General Theory of Employment*, etc. (1936), pp. 269—270。

剩余性失业。这是我们不得不考虑严格限定充分就业的政策问题。当选择一个理想的流通水平时,公众必须承认这样一个事实,即为了防止恶性通货膨胀,必须容忍一定的失业剩余——也许是一个很重要的剩余。在处理未来经济问题上如何清醒地思考和采取负责任的行动,剩余性失业问题很可能是最大的挑战——如果行动失败,很可能成为社会和平最大的绊脚石。因此,我将详尽阐述这一问题。

通常要对两类失业进行区分:一类称作"周期性的"或"一般性的"或"大量"失业,而另一类称作"结构性"或"暂时性"失业。前一类在凯恩斯的理论中用货币需求的水平来解释,正如第一章所述;而后一类起因于经济结构中持续发生的变化,如某一产业部门变得无利可图并被新的产业所取代。"暂时性"一词是指这样一个事实,即这种失业是因从一种工作变到另一种工作而引起的,而"结构性"一词则表示,失业是由生产部门的结构性失调引起的,通过从某一部门释放这些劳动力并让其在其他部门就业,就可以纠正结构失调。

但不能以这种方式来理解这种区分。即使在最明显的"大量失业"状态下,失业人口也一直在变化。一般地说,如果失业率在一个时期为15%,而在另一个时期为5%,这只能说找到一个新工作的平均等待时间,前一时期是后一时期的三倍。无论失业情况是轻是重,总是有人在找到新工作之前就死去,而且这部分人的数量与失业人口的数量大体是成比例的。因此,失业总是"暂时性的"和"结构性的",因为工人们总是在倒闭的工厂中失业,然后在正在扩张的工厂中再就业。从这方面来说,所有的失业水平都具有相同的特征;其间的差异只是量的差异。

请记住,在随后的每一个阶段,流通的扩张趋势所促生的生产性商业单位会越来越少。如果价格水平普遍上涨的程度足够高(如果工资率仅仅是稳定或缓慢地上升),一个企业无论多么不经济,都可能是盈利的。所以,经济结构无法迫使任何特定部分的企业或工人一直得不到利用——假定流通的扩张足够大。它仅仅会导致某些企业的利用比另一个企业更困难,使得前一部分企业直到下一阶段的货币扩张时才能得到利用。因此,"结构"本身并不能决定任何的就业水平,仅仅决定着在某个货币流通水平上经济体的哪一部分能够得到利用。

此外,一定程度的结构失调将导致在某一货币流通水平上存在着一定程度的剩余性失业,无论这时的货币流通水平多高。如果存在一个完全平衡的经济,其中的每一个要素都能相对于其他的要素得到理想的调节,则在任何特定的货币流通水平上这种经济都能够得到完全的利用;而且如果允许货币流通超过全流通水平,总价格水平(以及随后的工资水平)仅会有一个和缓的上升,同时却没有任何明显的瓶颈和价格暴涨。但这种理想的状况是无法实现的,考虑到现代经济生活中所注定要不断出现的变化,这种理想状况即使出现了也无法维持。因此,在经济系统内,总会有一定程度的失调现象存在,相应地也总是存在着一定程度的剩余性失业。

我们必须将这一点讲得更清楚一些,因为我们这里的问题触及了我们文明的根底。

让我们集中看一下现代经济中的一个有代表性的部分。假定1914年有这样一个商店——假定有许多不同行业的商店,杂货店、布店、电器店、书店和鞋店等,假定它们的存货在25年之后的1939年再次出售。这时,一半多的商品将卖不出去,而且公众所需要的一半多的商品将找不到,而仍然可以出售的商品只能以新价格表中的价格来出售。这些变化的发生是因为在过去的25年中出现了一系列千变万化、影响深远的时期——很多事物所受的影响是剧烈震荡性的。数以百万计的企业在这个或那个时期受到了严重亏损或完全倒闭的威胁,数以千计的企业被迫退出经营,被后来者所取代。整个经济结构的功能发生了变化,比例发生了剧烈的变化。

这是我们文明的一个根本特征。一个以广泛的劳动分工为基础的经济,其中成千上万的企业生产着不可计数的各种物品,所有这些企业都在一个共同的场所或市场中分享着各种各样的为它们而聚集的资源——这样一个经济是不可能在任何一个方面长时间静止的。即使技术进步能够停止(实际上是不可能停止的),即使消费者的趣味保持不变(实际上是不可能不变的)——仅仅在人口的数量和构成方面的变化,以及自然资源的逐渐耗尽,也会迫使经济体系不断地自我适应,而每一次适应都会在适应阶段所存在的大量的独立过程中产生后果。无论如何,只要我们的文明能够持续——对更好的健康状况和更好的舒适度的渴望也不会被消灭,改进生活方式和生活环境的激励也不会停止,只要我们坚持独特的西方传统,科学和技术知识和技能的进步就不会停止。

一定程度的不安全性,在这些条件所决定的经济状况中是固有的。有这样一个规律,即系统中所发生的每一个变化都会有利于发起这些变化的人:有利于那些抓住新的机遇、并努力保证自己能够获得这些利益的有进取心的人;但是,在整个经济系统中,另外的那些人,也会因此发现自己的机会受到了限制。在这种竞争中,成功者和失败者一样多——实际上,由于稳定的进步趋势能够让所有的人都受益,成功者肯定要多于失败者——但事实是,仍然会有失败者。肯定会有一定数量的商业衰败:一定数量的资本家破产,以及一定数量的工人或雇员失业。我们这个体系,是由有进取心的人建立起来的,只要他们能够在生活中出人头地,他们就会敢冒风险,使自己承受失败的风险。视安全高于一切的人在这个体系中不会有满意的位置。这个体系,是不能由那些不愿承担风险的人来操纵的,也不能靠那些不敢面对失去工作机会的人来经营。

还有另外的经济方式吗?也有由自给自足的农民组成的原始经济,他们不知道什么是衰退,也不会有失业。在中世纪的经济中,每一个人都有自己与生俱来的固定的位置。但只有采用商业管理,才能成就高度工业化的经济;而且在任何一个商业化的经济中,商业衰退和偶然的失业都是无法完全避免的。也不能将它们降低到忽略不计的程度,除非将货币流通水平提升到生活所无法容忍的高度。在做此论述时,鉴于前面两章的分析,我们肯定要将苏联的国有制以及西方各国于1939—1945年所持的战时经济包含在内。

除非我们准备生活在这样一个持久的通货膨胀状态中,其中存在着对商品和劳动力的无休止的争夺,还存在着一些规则努力限制对商品和劳动力的争夺——我们要避免商业衰退和失业的风险的唯一选择,就是回到自给自足的原始农业中去。如果我们用当前的案例来判断的话——

这将使我们的生活水平下降到当前西方国家(英国、美国、澳大利亚)生活水平的十分之一。不消说,任何赞同这种选择的西方人,都会在很短的时间内被淘汰掉;他们所赖以生存的土地已无法供应更多的人口——而且他们的女人也不愿意通过提高生育率来应对注定要升高的婴儿死亡率;或者他们的男人也无法保护他们的国家免于被比他们更发达的工业化邻国的侵略。

我们承担着责任。我们必须坚持我们的商业文明,否则我们的文明就会衰落。我们必须直面事实,并抵御企图用某种"计划"来魔术般地让所有的事物都正确无误的诱惑。一旦我们能够直面这样一个事实,即我们的文明要求从事工业事业的人必须承担一定风险,那么要调整风险的程度,以及调整经济状况,使得偶然事件的出现对于受影响的人来说是可以忍受的,甚至是合理的,就不是一件难事。

影响剩余性失业的因素。没有足够的经验来准确地告诉我们,为了避免恶性通货膨胀,在某一特定形势下多大的剩余性失业是可以容忍的。但我们可以看到,有三个主要因素需要加以考虑。

所有趋于减缓技术和经济变化的情况,都有可能降低剩余性失业的水平。在1930—1933年的大萧条期间,出现了很多反对技术进步过快的声音,降低技术进步的速率或至少对其发展过程施加管制的建议广泛传播。虽然我们不能接受这样的假定,即过快的技术进步在过去引起了大量的失业——其真正原因是流通不足——但现在我们有理由重提为了降低剩余性失业水平而限制技术进步过程这个问题。

难道我们不能通过减缓技术进步来使经济生活至少可以稍微地更加安全吗?这种想法是不现实的。以可能马上要实现的原子能利用为例。可能没有任何一个国家会蓄意拒绝享用这方面的发展成果,因为如果它们这样做,就会使其他国家在新技术方面具有领先地位从而具有巨大的优势。另一方面,在世界范围内达成一个放弃原子能利用的协议也是行不通的。我们的文明的精神是,任何反对那些能够使成千上万的人减少贫困、免于疾病和肮脏的进步的强制性措施,都永远不会获得大众的普遍支持。如果我们都是佛教徒或埃勒皇(Erewhonians)的话,我们可以达成这样的协议;但我们西方人,永远不会让我们的经济秩序建立在这样一个基础之上。

影响剩余性失业水平的第二个因素,实际上是第一个因素的另外一个方面。在第一个话题中,我们曾经研究了限制了技术进步的贸易限制而引起失业降低的情况;现在我们必须研究类似的和其他的贸易限制,它通过放缓经济适应的过程,从而在一个相反的方向上来影响失业。任何阻碍生产要素从过剩的行业转移到需求行业的环境条件,都会增加让这些生产要素保持闲置的时间。剩余性失业的水平也会因此而提高。

由此看来,所有的对进入某一行业的限制都会增加剩余性失业。反对新的进入而保护自己的既得利益和反对外来竞争而保护自己的市场的行业组织,都对本国的其他人或外国人的适应作用增加了负担。为了阻止别人进入自己的行业而制定行业标准的工会,也增加了其他的工人阶级失业的负担,他们减少了后者找到新工作的可能性。所有这些限制都有可能增加不得不忍受的剩余性失业的总量。

在论述降低劳动力流动的因素的同时,我们还可以补充论述能够增加劳动力流动的因素;正是依靠这些因素,我们才能够降低剩余性失业的水平。

促进劳动力流动的最重要的因素是良好的普通教育水平。心理训练、广泛的经验和良好的知识储备,都能够使人迅速地适应新的要求。良好的教育能够培养求知欲;即使在老年阶段也自信能够获得新的技能。建立在研究当前趋势的基础上的政府议案也能够进一步发展,从而对人们在培训方面作出理性选择而越来越有用处。因增加商业企业的公开性而得以扩展的统计资料,应该能够让人们在工业未来机会的发展趋势方面作出可靠而又可信的判断。

另一个能够促进流动性的强有力的因素,是一个高效的职业介绍所体系。它们应该能够对坐落于偏远地区的工厂有完整而生动的说明。正在找工作的工人应该能够有机会通过图片或电影,看到在超出他们生活经验的地方生活和工作的机会。

增加劳动力（和其他生产要素）流动性的一个明显的条件，就是取消正在阻碍劳动力流动的行业限制。这应该不难办，因为在两次大战期间就有这方面的经验。在经济长期不景气的情况下，经营失败的风险大大提高。就业水平的降低，失业大军的增加，意味着失去旧工作和找到新工作之间的时间大大延长。在这种情况下会有失去工作和经营失败的厄运，特别是对那些再就业机会大大降低的老人来说更是如此，这最终会成为灾难。顾客和市场的失去也是灾难性的；当贸易普遍不景气时，获得新的业务以弥补亏损的机会遥不可及。在这种情况下，雇主和工人都厌倦不断的适应作用，并尽一切可能努力保持他们已经拥有的商业机会和工作。但如果流通水平再次上升，对物品和服务的总需求再次增加，工人和商人们就会性情大变。因为民用供应品方面的贸易收缩，成千上万的人在战争的前半期失去了工作，但他们并无怨恨，因为对劳动力的强烈的需求保障了他们有合理的机会来改善自己的生活。即使是工人阶级中最保守的人，比如矿工和棉纺工人，在这种情况下都具有很大的流动性。在这种情况下，商人们感到他们没有必要坚守某一市场；他们甚至对毫无费用而"倾销"入国的最大的进口品也没有怨恨。

从过度就业所产生的问题的性质上可以非常清楚地看到，充分就业的方法是如何对贸易限制起到了强烈的缓冲作用。货币流通数量过大，在劳动力和物品方面都会出现"卖方市场"——受雇人员过于热衷于放弃自己的工作，以改善自己；而商人们对保留客户是如此不感兴趣，他们可以毫不犹豫地向客户提供最少的服务。

这就让我们看到了决定剩余性失业水平的第三个因素，那就是政府控制过度就业的弊端的能力。为了阻止流通的恶性膨胀，政府必须限制货币开支。当这些限制措施变得无法承受时，就达到了流通和就业限制的恰当水平。

通过对必需品和原材料实行配给制和价格控制，再配以对工资和劳动力转移的控制，就可以限制流通的升高；同时，对所有的投资都可以实施许可证制度。但是，为了使限制货币流通扩张的措施卓有成效，控制措施必须严厉而且难免是痛苦的。极度紧张的状况可以随处可见——从战时经验以及苏联经济的状况中我们已经非常熟悉这种状况。每一个杂货商、烟草商和葡萄酒经销商都成了个人优惠品的可能的分发者,成了顾客们争相奉承和讨好的君主。"黑市"和"灰市",隐秘的私人关系以及解决困难的神秘能力都习以为常并成为经济生活中不可或缺的要素。劳动力市场上的紧张成为恼人的负担。为了获得劳动力或为了保持现有劳动力,为了甩掉不合用的人和为了对付不守纪律的人——雇员为了迫使雇主允许自己转换工作而让自己成为"刺头"——"纸面上的战争"(paper war)无休无止。

在经济和技术变化速率一定,以及经济系统的其他部分对这些变化的适应的速率一定的情况下,那么所应当确定的就业数量就取决于所应用和所能够容忍的市场控制方式。一个熟练的经济管理应该是能够将自由放任的流通约束在一定界限之内,而又不至于在经济关系上出现损伤。如果人民愿意承担压力来支持政府,或者政府强大到足以向社会施加这种压力,和没有受到支持以及没有这种能力的政府相比,此类政府能够保证更高水平的就业。

这就是为什么集权政府可以将剩余性失业降低到极小的程度。其力量是如此强大,它所能够施加的限制是如此极端,所以它就能够将数量极大的货币流通控制在一定界限之内。换言之:通过迫使人们接受一个按照他们的自由意志本不会接受的高度的通货膨胀,集权政府能够比西方的民主制度维持更高的就业水平。

在民主制度下,流通水平最终取决于开明的公共舆论。一年一度的确定国民货币收入水平的议会决议,应该体现人们在实现更充分就业的愿望和不情愿接受对契约自由的过多限制之间的令人欣慰的平衡。这种方案应该明确地提交给公众,从而让公众能够理智地对其进行判断,并以合理的方式对其有效地施加影响。它必须让选民明白,他们期望从货币紧缩中得到什么,以及从货币扩张中得到什么,这样他们才能对问题进行充分的估价,并明智地实行总体控制,这就是恰如其分的民主功能。

我们能否提供一个数据,来说明人们能够容忍的失业水平有多大吗?第21页从英国政府白皮书中所引用的统计数据表明,在1858—1919年,平均失业水平大约在5%;而在繁荣时期,很多时候失业水平都降到了2%。由此我们可以不揣冒昧地说,失业剩余量可以永久地降低到3%—4%。德国的经验也提供了类似的估计。到1936年末,失业人数降低到50万人,少于2.5%,在没有对劳动力流动施加任何限制的情况下,这种就业状态维持了一年。

但需要认识到,如果剩余性失业能够永久地降低到3%,这就意味着英国总是有45万多人处于失业状态,而且每个工人一生平均要花费大约一年半来找工作。除非清楚地认识到,类似这样的最小失业量肯定是可以实现的,否则,在人们之间就不会建立起必要的共识和相互信任关系,而这种共识和相互信任对于实现这个目标是必不可少的。

萧条区。如果全流通状态下在一个密集的居民区内出现了大量的剩余性失业,形势就特别严峻。受到如此打击的区域在英国称作"萧条区"。通过将人口向更繁荣的区域转移,也许可以救助这种有大量失业的区域。但这会引起向未知环境的移民和社会关系的断裂;这些村镇不一定随着多余人员的离开而感觉好转,反而会因社区的衰败而受挫折。在整个工业化过程中,英国已经因"被遗弃的村庄"而倍感苦恼。在我们这个时代,从屏幕上看到被遗弃的农庄,肯定会激起普通英国公众的深深的愤恨。

这里我们不想判断这种情感到什么程度才合适。但我必须指出,这种情感的培养很可能会导致在财富和国家安全上的巨大牺牲,此外,还可能严重伤害到公共生活的道德完整性。

英国通过一个工业化过程而获得了它现在拥有的繁荣和实力,但工业化过程无情地抛弃了附加在传统职业上的情感。我们有充分的理由预言,采取相反的政策会阻碍未来的适应行为,并导致国家在物质上落后。美国人之所以在物质上有实力,主要是因为他们众所周知的流动性。为了获得更大的经济成功,他们总是习惯于抛弃农场、工业区、矿山、铁路甚至曾经用来航运的河流。在释放国家财富方面,这种习惯给了他们很大的助益。

但是,在一定限度内,是不能拒绝保护某一居住地持续存在下去的愿望的,即使它暂时处于闲置状态而且在经济上是不合算的,而且还应该考虑如何使之行之有效的方法。我们首先注意到,通过降低本地的工资,总存在着调整的可能性。很多地区(例如美国南部广大地区)应该就是"萧条区",只因为这里的工资水平低于本国的其他地区。除了降低本地工资之外,一个国家还可以通过改善总体环境从而提高平均生产力的方法来帮助萧条区。如果某地卫生和教育方面的条件明显贫乏,毫无疑问,国家应该有恰当的资金来弥补这一缺陷。但除此之外,还有很多事可以做,如修建公路、铁路,开发港口和开航河流,以及兴建其他各类公共设施,让该地区重建商业繁荣。

但是,如果对萧条区和产业的帮助不是公开的,而是以保障价格或其他经济资助的形式进行的,从而牺牲社会利益以便让萧条的行业或地区有利可图,那么公共生活的道德完整性就面临危险。此类措施可以偶然使用,以克服某一个产业的短期困境。但如果长期使用,则注定有道德危险。它们在没有条件获得经济成功的地方制造经济成功,而且从根本上伤害了人们生活的诚实性。它们诱使各个行业寻求政府支援,以避免经济衰退的后果。它们让政府官员不得不承担了在不同的请求者中进行取舍的责任——这种裁决只能通过武断的行为来决定。它们因政府偏爱而让一部分行业获得了好处,却造成了对另外一些在工作、经济和企业方面可能会成功的行业不公平。

强制问题。迄今为止,我们对失业问题的研究一直忽略了这样一个在当前的文献中流传很广的思想,即以接受大量的强制性为代价来达到充分就业。我所主张的政策并没有政府对劳动力的强制性指导,并主张强制性是常见的经济类型。当雇主不需要时,可能会解雇工人和其他雇员,这些人可能会通过正常的渠道来寻求再就业。沿着这些渠道来改善流动性是我们所一直重视的,但不能采用政府强制来替代或补充本应该通过减少收入来施加的压力。我还隐含地假定,失业的好处与正常工资相比是如此之少,以至于因找到工作所获得的物质利益,再加上因做有用的工作所获得的道德满足,足以强烈地诱惑人们寻找工作和维持工作。

如果将失业的好处固定一个很高的水平上,就不可避免地需要一定的法定压力来强制人们就业。因为我根本不相信这种强制能得到理智地执行——随后我还要解释,其结论自然是,对失业救济必须定得很低,从而允许那些喜欢悠闲的人能够合法地选择悠闲。只要自愿选择失业的人能够保持在极少数,他们的存在就可能不会带来难题,而且还可能有文化作用。对他们的救济可以看作是他们从共同继承的民族资本中所合法分得的红利。

在这一部分一开始所提到的将大量的强制作为充分就业的代价这样一种倾向,是希望通过采用"经济和社会计划"来解决所有的重大经济问题这样一种气氛形成的原因之一。其代表性的意见认为,我们这个时代的主要的、普遍存在的问题,是在自由和效率的冲突之间进行选择。让我们联系失业问题来审视一下这个所谓的冲突。

在我看来,在劳动力转移的管制问题上,强制措施已经被人们所接受,虽然战时实行大规模的强制有其强制的合理性。首先,如果发布命令的人与接受命令的人相比,他所处的位置使他能够更好地判断后者的个人利益,强制似乎就是合理的。任何站在十字路口的人都有权利指挥车辆,因为他能够看到相互交叉的两条道路,而车辆司机却看不到角落挡住的另一条路。医生有权给病人看病,因为医生对病人身体的看护要强于病人自己。其次,在需要让社会利益优先于个人利益时,强制看起来也是合理的。粗略地说,政府的所有权力都是应个人的请求而行使的。在正常时期,在再就业方面似乎很少有机会以这两条理由来实行强制。而在战争期间,这两条理由在某种程度上都可能得到采用。第一个理由成立,是因为工作机会是无法自由宣传的;第二个理由成立,因为公共利益所需要的就业数量要大于经济压力所能够激发的就业。因此,在战争期间,大多数国家都能够接受强制,虽然美国的经验表明没有强制也会有很大成就。

因此,在公众认识所及的决策范围内,没有什么大事可以导致实行对劳动力的强制。在现实中此类大事的发生所表达的是渴望另一个根本不同的制度——一种劳动力可以被政府永久雇用,且只有在政府管制下才能变换工作的制度。这似乎表明,如果仅仅工业实行国有化,工人们也像政府官员那样尊重命令来变换工作,他们也能够像政府官员那样享受终身保障。

现在让我们来研究一下在充分就业问题上的这个激进的观点。根据苏联的经验,毫无疑问,即使整个工业系统都是由政府来操纵的,但每个单位的事务还是必须根据商业原则来操作。如果大家同意这一点,我们可以进一步假设,从一开始,每个工厂都需要政府向它分派一定数目的工人。随着工厂经营的进展,某个单位的工人可能会过剩,而在其他地方可能会出现空缺来容纳这些多余的人。闲置的劳动力必须从不需要的工厂移出,这种情况报告给中央人事部门后,人事部门将把他们转移到其他地方的空位上去。

这种再就业情况与资本主义并无实质性的差异。中央人事部与中央劳工介绍所具有同样的作用。它只有通过类似于地方劳工介绍所的分支机构,以劳工介绍所的工作方式来完成这一任务;也就是说,通过把信息传递给失业人员,让他们根据自己的判断来获得适合于他们的工作。中央人事部并没有比劳工介绍所更合理的理由,来强制性地安置失业劳动力。如果它们决定实行很大程度的强制措施,他们必然会制造一系列的磨难和错误——还有不断增加的繁文缛节和偏袒这些过度行政干预的永恒的伴生物。遵照既有的行政习惯,当前处于储备状态的多余人员,当然只能享受半薪。这种报酬水平的确定,与资本主义制度下确定失业救济金所根据的理由是一样的。在这种情况下,劳动力的流动最大也超不过资本主义的情况,这样一来,剩余性失业水平——用享受半薪的工人的比例来表示——在两种情况下都是由相同的因素和相同的方式来决定的。

这些结论得到了下列事实——1918—1921年俄国灾难性的共产主义实验除外——的证实,即为了保证充分就业而强制性地将失业劳动力安置到新的工作,在任何工业体系中都不会起到主要作用。在英国,战争期间对劳动力的强制,主要用于在劳动力过度需求的情况下阻止工人擅离自己的工作。在英国,新招募的工人会被特别引导到某一特定的工作岗位，这样做是为了防止工人从事他们自己喜欢的其他工作。在苏联，劳动力在单个企业之间的分配，是以核定工资基金(approved wage fund)的形式来完成的，经理的任务只不过是在劳动力市场上找到自己所需要的工人。对手企业之间对劳动力的争抢，官员对于经理们相互哄抬工资的竞争以及限制劳动力过度流转的法律——所有这些都清楚地表明，在俄国并不存在对劳动力进行强制管理从而保证每个人都有工作的机会。我们得知，在德国，较低的流动性从未真正导致在工业充分就业方面产生困难。相反，当空缺数量是失业人员数量的二至三倍时，对劳动力强制性的转移和限制才得到确认①。

政府经济顾问的新责任。通过采用本书所提倡的政策来维持一个理想的流通水平，必然会让政府所雇用的经济学专家承担大量的责任。其中包括只能由行家来作出的决策，以及依赖个人技能和经过特殊训练的直觉性的决策力所作的决策。

公众如果决定进一步扩大货币流通，政府经济顾问的职能就会变得更广泛、更独立（而且他们的独立性也面临更大的危险），虽然随后会有更加严格的控制措施。事实上，试图将政府经济顾问的管理职能限制在合理的宪政范围内的做法，可能是导致较低的就业水平的一个重要原因。

在某种程度上，政府经济顾问的这些管理职能，仅仅是代替了今天的中央银行和其他大的金融机构所行使的某些职能。在世界重要的金融中心，特别是在伦敦，这些大的金融机构通常是通过他们的金融政策来维持一个合理的稳定状态以及维护商业的流动性。这种状态是符合他们的商业利益的，为了他们的利益，他们必须这样做。他们利用专业性的知识来行使这些职能。即将取代这些金融机构的政府经济顾问——他们有了现代政府货币政策为武器，将以更加有效的方式来行使伦敦的这些传统职

---

① 参见 *The Economics of Full Employment*（充分就业经济学），这是由牛津大学统计研究所(Oxford University Institute of Statistics)于1944年所做的应用经济学的六个研究组成的。见 K. Mandelbaum 的文章"German Economy, 1933—1938", p. 199。

能——也扮演着同样的角色。他们将在议会所认可的就业政策框架内来展示他们的经济管理技能；而同行经济学家们的判断和专业判断,也制约和引导着他们的行为。

第五章
充分就业和国际贸易

竞争问题。大多数国家都靠本国生产的产品来满足主要需求,但所有的国家也都在不同程度地用自己的产品交换外国物品。维持生计的这两种办法——国内的和国外的——一般来说效率相同。通常,如果英国工人用劳动两小时的所得才能得到美国工人劳动一小时所得,那么对于国内生产和出口生产来说亦复如是。在国际市场上,英国出口商不得不把本国两小时的生产物与美国一小时的生产物以相同的价格出售,只有以这样的价格,两种产品的价值才相等。英国和日本出口商的交易也是这样,英国一小时劳动的生产物,以高于日本一小时劳动生产物数倍的价格出售,其价值才相当。

对于一个国家中生产水平不同的两个地区来说也是这样。如果生产力水平低的地区满足于相应的低工资水平,两个地区都能够实现充分就业,并以公平的方式相互贸易和竞争。

不同的货币。但国外贸易和国外竞争问题与国内贸易问题泾渭分明。虽然这可能部分地是因为政治感情会影响到经济竞争领域,但在这两个领域中还存在着实实在在的差异。这些差异起因于不同的国家注定要使用不同的货币。

第五章 充分就业和国际贸易

在第一章的分析中,我们将政府通过发行货币进行采购以满足社会之需作为政府的主要职责;而为了阻止货币流通的恶性膨胀,在发行货币的同时通常伴以征税。在现代和平时期,为此所需要征收的赋税通常会大大低于所需要发行的货币量;而在战时,赋税征收往往跟不上新发货币,一定量的过度流通在所难免。

假定英国和法国有同样的货币,而且英国政府和法国政府都可以发行该货币。那么英国财政部将通过发行货币,并用这些货币在英国和法国采购物品,来满足英国公共当局的需要。同时,他们可能不会征收使流通降低到合理的水平所需要的全部税收,以便留出一部分或大部分来让法国人在自己的国家征收。除非英国和法国采用不同的货币,否则这种荒诞的情况就不可避免。对于那些人们有明显不同的集体需求,而又不能指望外国人来为他们的需求付账的任何两个国家来说,道理都是一样。

汇率。 当每个国家都有自己的货币时,每个国家的国民都主要靠他们本国的货币来维持生计。如果他们需要购买外国的产品,他们首先要将本国的货币兑换成另一个国家的货币。一个希望购买法国葡萄酒的英国人将会付给法国商人英镑,而法国商人接受英镑是基于这样的事实,即法国总会有人购买英国的商品比如说煤炭——或者,更普遍的情况是,存在着一个可以将英镑兑换成其他货币的国际市场;在这个国际市场上,总有人希望从英国采购商品。那么对于法国商人或其他想购买英镑的人来说,将以多大的比率来将他们的货币兑换成英镑才是合理的呢?以及对于英国人来说,以多大比率来卖掉英镑呢?显然,如果人们随时都能够以等价购买力进行交换,所有这些交易对于所有的交易者来说都是公平合理的。换言之,如果兑换成一英镑的法郎、比索、美元、里拉的数量,分别在法国、阿根廷、美国和意大利所购买的物品价值,大致相当于一英镑在英国所购买的物品的价值,那么这个兑换率对所有的人都将是公平合理的。事实上,"外汇兑换率"的唯一合理的意思,就是(在普遍安定的贸易环境下,我们也是这样假定的)具有同等购买力的不同货币的比率。

支付平衡。 除非将汇率调整到使每一种货币无论在国内还是国外都具有相同的购买力,否则就难免出现荒诞的结果,就像不久前我们说的法国货币在英国发行那样。假定法郎对英镑的价值被低估了一半。英国人通过将他们的收入兑换成法郎,就能够使其购买力翻番。来自法国的进口都可以通过发行英镑来支付,而法国人通过向英国出口所获得的英镑,却只有他们出口品的价值的一半。只要英国政府继续发行英镑来做这种交易,英国人就可以由此而获得可观的收入。而法国人却无法无限期地来积累英镑从而换来自己有用的商品。他们很快就会认识到,只有使所交易货币的购买力平等,汇率才是可以接受的。

按照购买力而加以调整后的汇率,通常能使每个国家所接收的进口,在名义上与他们出口的价值相同。因此,贸易的好处就仅限于这样一种情况,即某种商品在某个国家比较便宜,而另外的商品在另外一些国家比较便宜;虽然全部商品的平均价格各处皆同。这样,所有的国家都能够在名义上维持一个恰当的支付平衡。

国际贷款。为了战争、公共工程以及偶尔直接为了商业目的,一个政府可能从国外借款。迅速发展中的国家的商业企业,经常从工业化的发达国家大量借款。当阿根廷或阿根廷商人为了长期投资而从伦敦借款一百万英镑时,阿根廷将会有一段时间的进口,而这些进口是阿根廷无法用同期的出口来平衡的。而此后,当借款连本带息被偿还时,就会有一个商品从英国流向阿根廷的相反的变动,这个变动会直接或间接抵消先前来自英国的超额进口。

为了促进这一变动,让汇率稍微偏离其等价购买力是有利的。在第一个阶段(即阿根廷从国外的采购超过其出口时),让出售的英镑的价值略低于其购买力是有利的;而在还款阶段,让阿根廷比索的价值低于其他货币是有利的。从国际货币市场上通过贷款而筹集的英镑款项,其销售报价可能会促进第一种情况的变动,而超过平衡需求的比索的报价可能会引发第二个变动。但因为本章后面还要论述的一些原因,此类的货币运作是否可以都依赖于自由市场,这还是个问题。为了根据上述原则来监管国际汇兑而由各国政府建立的世界银行,可能会极大地促进国际支付的顺利运行。

国际稳定性。如果能够稳定地调整汇率,从而让各国的购买力都平等,那么当一国的价格水平相对于另一国发生的每一次变化,汇率都要相应地加以调整。换言之,任何两个国家之间的汇率都必须不断地调整,以便消除价格水平之间的任何差异。

此类汇率调整有一定的害处。如果一个法国人从伦敦借了一百万英镑,等他还钱的时候却发现英镑汇率已经上升了比如10%,要他拿出比他刚把英镑兑换成法郎时多10万英镑的法郎来还钱,他会感到很不公平。也许有人会说,因为法国的价格水平已经有了恰好与英镑的升值幅度一样的上涨,他可以通过将这些投资于法国而获利。但对于主要作为贷款中间人的银行家来说,情况却不是这样。如果汇率持续有大幅度的波动,国际银行业务,特别是短期借贷将受到很大的影响。

如果各国政府根据维持就业的相同政策来操作,此类麻烦就能降到最低。假定所有的国家都有同样的全流通目标,这些国家的价格水平就可以预期以大致平行的曲线变动,相对价格的差异就会极大降低。

但是也不能夸大这一问题的重要性。国内价格水平的大幅度波动在过去已经普遍发生过,国内贷款人一直在承担货币贬值的风险,而借款人则有以高于原借款价值的款项来还款的风险。这种因汇率变化而受到不利影响的国际贷款的量,与国内贷款的量相比是很小的。现有信贷业务中存在的这种麻烦不会成为我们沉重的负担。由各国政府所建立的国际金融机制应该能够克服大多数难题,剩下的难题可以忽略不计,而不是让它来扭曲合理的就业政策。这种政策是不能够靠严格固定的汇率来实现的,任何维持此类固定汇率的愿望(这使人想到了旧的金本位制),都会成为合理调整世界经济事务的障碍——这一点我们很快就会看到。

萧条国家。在论述因试图固定一个刻板的国际汇率而引发的本不该产生的困难之前,我们必须先看一看因国内高度专业化而产生的严重的而又不可避免的问题。

依靠范围狭窄的一系列商品的出口来维持生计的国家,总是存在着因对其某种出口品的需求变化而导致难以维生的危险。此类事件所引发的问题,非常类似于一国内部"萧条区"的问题。解决此类问题并无良方。如果受影响国家的公民无法在当前的需求状况下靠他们现有的职业来谋生(他们的收入可能是零或负数),通常他们必须找到一个新的工作,如有必要可到国外找工作,这样他们就可以靠他们的劳动来谋生。

在我看来,因国际竞争的介入而导致某一产业失去国内市场的情况,几乎与上述问题完全一样。在这种情况下,它一般可以通过关税或其他保护主义措施将新的外来竞争者排除在国门之外。这将会剥夺其潜在的顾客购买便宜供应品的利益,并迫使他们以这种形式向濒临危险而又被保护下来的国内产业支付补贴。我认为让外国产品的潜在顾客做出这种牺牲是不公平的。向急需援助的同胞——以及向任何因经济变化而受影响的人——提供帮助确实是必要的。但这种帮助不应该以会继续鼓励浪费性的或相对浪费性的产业的形式来进行。乍看起来,为受影响产业保留市场的做法对接受援助的人的尊严的伤害程度,似乎小于直接向他们提供生活津贴的做法。但只有当这些受保护的产业本身值得保护时,这种做法才是正确的。这些产业的主人和工人所拥有的利益,可能会使这种看法在一定时间内很流行。但这可能会推迟人们认识到下面这个事实,即这些人是在利用宣传手段和政治压力来维持自己的生计。为维护受影响产业的市场所实行的关税,歪曲了经济现实,并制造了一些利用虚假的理由来支持谎言的既得利益者。这不但不能维护受影响生产商的尊严,反而驱使他们陷入困惑和欺诈之中。

有黄金作保的货币。人们对货币有一种虚假的认识,即它起源于早期的用途。直到第一次世界大战之前,人们日常所普遍使用的仍然是金币。这些金币的金属价值完全等同于作为货币的名义价值。自然,人们认为纸币只是金币的替代物,而且只有有黄金作保时它才有价值。因此,纸币的价值是以黄金为基础的。

在过去的三十年中,西方人对货币有了新的认识。基于坚实的社会经验,他们已习惯于把货币完全作为约定的价值。现代人已习惯于使用政府发行的纸币,因为他们知道,这样做能够获得便于货币流通的巨大好处。只要他们相信政府能使货币相对于商品有稳定的价值,他们就会继续使用政府发行的货币。价格水平的普遍上涨可能会恐吓人们抛出货币,兑换成商品;但是,仅仅是黄金价格的上涨却不会伤害现代人对货币的信心。

但是,在金币时代所建立起来的货币概念,仍然存在于整个汇率管制的制度之中。很多强劲的经济周期,仍然依附于国际金本位的观念,特别是在美国。他们仍然相信,除非货币与所储存的黄金有联系,至少在不同国家的货币之间维持一个固定的关系,货币才能在国际贸易中得到合理的流通。

不难理解,这种观点何以会以不可置疑的权利统治了几个世纪,直到最近仍然盘踞在很多人的心中。事实上,纸币是有黄金作保的思想是如此普遍,以至于我们必须详尽地来描述一下与国际金本位相应的货币制度。只有这样,我们才能认识到这样一个陷阱,即金币传统仍然在当前关于货币事务的观念中占主导作用。

金本位规则。 通过在第一个规则"贸易必须平衡"后面加上第二个规则"交易必须保持金平价",我们就可以得到金本位制的工作原理。

任何合理的货币制度都必须坚持第一个规则。应该防止一个国家仅仅以印刷的纸币与邻国交易,从而不断地剥夺邻国的产品。虽然在一定时间内可以用货币结算来代替物物交易,但我们不能允许任何一个国家在他们的供应商账户上无限期地积累其支付平衡。在现代制度下贸易必须平衡的规则,是通过调整汇率从而让各种货币的购买力随处皆同来保障的(正如前述)。另一方面,当货币与黄金挂钩时,所有的汇率都是永久固定的,这样,实现所有货币的购买力普遍相等的途径,只能是让所有国家的相对价格水平固定下来。这就是国际金本位制度的自动工作的原理:它是一种试图让各地的相对价格水平永久固定的机制。

它的作用方式如下。每个国家都需要保存足够的黄金,以备必要时能够用黄金赎回本国的纸币。换句话说,它必须防止流通过量,从而导致所拥有的黄金不足以满足这一需要。因此,流通中的货币量必须限制在一定数量上,以便与中央银行所拥有的黄金的量维持大致的固定关系。我们现在来研究如果一个国家的价格水平下降会出现什么结果。例如,假定因为一系列的快速的技术进步,加工品——它是英国主要的销售商品——在这个国家的价格变得比其他国家便宜。或者假定英国公民这时发现国内投资的机会减少,从而在英国出现了流通减少和价格下降的现象。无论何种原因,英国相对于世界价格水平的下降将刺激英国的出口,并抑制英国的进口。国外支付平衡将朝着有利于英国的方向发展;其他国家购买英镑的数量超过了出售的数量。其他国家不得不通过向英国输送黄金来实现平衡,因为黄金的减少,它们不得不压缩货币流通水平,而英国,因为黄金储备增加,就可以扩大流通。如果这两个变化都成功实施,就会纠正英国的价格变动趋向;将降低外国的价格而提高英国的价格,从而恢复购买力平价,并消除引发贸易不平衡的动因。

为了根据金本位的要求而降低流通,中央银行一般会提高贴现率,并提供信贷成本,降低信贷的便利性。这种行为旨在减少商业投资活动,而且通常是有效的;而相反的情况,即放松银根用来刺激投资的政策,一般不太成功。此外,如果用黄金赎回纸币的责任要求在黄金储备减少时降低流通,它只允许在黄金储备增加时才能扩张货币流通,但不是硬性规定。因此,上一段所描述的做法在黄金减少的国家所导致的流通的减少量,通常会大于黄金增加的国家所导致的流通的扩张量。无论如何,这个过程充其量不过是维持流通总量,同时使流通量从一个国家转移到另一个国家。

当流通从一个国家转向另一个国家时,同时转移的还有就业数量。实际上,金本位制可以看作是在不同国家间分散和分摊波动的一个方法。假定一个国家,比如在英国,发生了经济萧条;英国就会出现价格下降和黄金流入,随之而来的是国外流通的减少和国内流通的增加;与之相伴的结果是,因英国的经济萧条所导致的部分失业也被传输到外国。相反,起始于英国的繁荣,将会因黄金向外国的流失而受挫,因而,外国将会出现就业数量的增加。对于1930—1932年的美国贸易大萧条先后扩散到英国和世界其他国家，人们仍然记忆犹新。就是为了抵制这个过程，英国停止了用黄金支付，并于1931年结束了金本位制。

拥有过多黄金的富裕大国，当然不必担心国外的失业向本国扩散。这样的国家——正如今天的美国——当然希望弥补因任何其他国家的萧条所导致的黄金流失，而又不必降低国内的货币流通。之所以会这样，因为像美国这样的工业大国，总是希望通过进一步提高国内生产效率来改进本国货币的有效购买力，从而赶上国外价格下降的潮流。

在19世纪，英国的地位有点像今天的美国，那时她不必担心受到其他国家经济状况的严重影响。另一方面，伦敦的银行利益集团（为了保持国际经济的持续性）似乎还经常虑及经济弱小国家的难处，并通过以长期国外投资的形式将应支付给英国出口商的差额用于投资，机智地使这些国家避免了在金本位制度方面的困境。现在美国也经常采用类似的政策；但这种权宜之计似乎是不合理的。如果你不得不把大部分收入无限期地交由你客户来处置，那在这样一种情况下来销售产品没有什么好处。在特定条件下，国外贷款是非常有利的；但这并不说明这样一种货币制度是好的，即只有将大量的贷款无限期地释放给贫弱的国家它才能正常运行。

金本位制下的国际生活。现在我们可以来研究这个制度的整体运行情况。有一定数量的黄金分散于不同工业国家的中央银行中——根据这些黄金，中央银行有权发行一定数量的货币。总货币流通会在所有的工业国家中容许一定数量的总就业，而且粗略地说，每个国家所拥有的黄金份额和总流通份额，决定着它在总就业中的份额。

在正常时期，如果总就业量非常充裕（之所以这样，是因为货币性的黄金储备有所增加，或者更普遍地说，是因为相对数量比较大的就业是以现有的黄金数量为基础的），该制度所要求的规则可以毫不费力地得到执行。但如果在总就业量不充裕的任何时期，不同国家之间就会出现激烈的利益冲突。每个国家都只能通过剥夺其他国家的就业机会；通过鼓励出口而阻止进口；通过将己所不欲的东西施之于人，来增加自己的就业机会。

在两次大战期间的长期萧条时期,一个个限制进口的壁垒被建立起来就不足为奇了:为了防止货币用于国外采购;防止国外失业人口移民本国。在历史的早期,当政府还不负责贸易情况之时,它们可能不会采用此类激烈的经济措施;但现代政府要对就业水平负责,如果它们无法摆脱失业可能会面临革命性反抗,它们不可能不采取此类行动。

我们可能会回忆起19世纪30年代早期的一幅漫画,它描绘的是每个国家都忙于围绕着自己建立起高墙壁垒、货币限制和移民法,从而将自己埋葬在自己所建立的牢房之中。这种状况是在普遍萧条的状态下实施金本位制的必然结果。从所有国家总体来看,高墙壁垒是非理性的,因为它注定会通过阻碍劳动力的国际性配置而使所有的国家变得贫穷;而每个国家都希望通过在现有就业总量中争夺更多的份额而有所得。转入本国的就业份额的增加将导致财富的增加,尽管通过争夺,劳动生产率受到了普遍的破坏。

在这种情况下,要维持自由贸易制度和和平的国际贸易关系,是非常困难的。假定有些国家很大度,不会通过阻碍进入本国的进口来改善自己的就业状况。他们就会成为那些不太大度的国家,或者更加困窘的国家的掠夺对象。这时的利益冲突相当普遍,与此有关的国家对这些利益冲突的看法注定是不同的,而且没有任何已知的公平的规则和标准能够解决这些冲突。一个政府的任何模棱两可的行动都可能招致其他政府的报复,而一方的报复又会引发一连串的报复,从而导致以前任何友善的协议都会破裂。

通过充分就业实现自由贸易。一旦对流通实现了合理的控制,一旦用按照国际购买力确定的调节机制来代替固定汇率,情况就会发生很大的变化。通过放弃把黄金作为货币价值的衡量标准,并以一个完全是习惯性的或惯例性的标准作为货币价值的标准,现代国家就能够摆脱只有通过以邻为壑才能够增加就业的窘境。一个国家一旦能够从政府那里获得足够的货币来维持充分就业,任何国家都没有理由来极力从外国获得现金账户顺差。阻碍进口的最大的障碍消除了,自由贸易再次成为可能。

当然,国际支付机制仍然要保证国外支付平衡的稳定,以便不让任何国家能够靠发行货币并以此来交换进口品来维生。如果所有货币的购买力被调整到各国皆同,国外支付平衡就不存在了——至少长期来看是这样;而通过让货币自由市场来确定汇率,从长期来看就可以实现不同货币购买力的平衡;而当国外支付平衡的稳定得到保障时,依据出口来支付进口的做法也同时得到了保证。

固然,可能有某个国家——或"萧条区"——无法自动建立平衡;或者以如此低的进出口水平,该国注定要处于饥饿状态。这种国家必须得到适当的援助;即使援助,也不是通过让他们免予自由贸易力量的影响,而是通过——正如我极力主张的——让他们的货币再次浮动,并让他们无论在国内或国外都受到自由贸易力量的引导,从而有一个新的起点。

就业水平的再调整。这样,如果一个经济使其货币得到合理的管理,就可以让外贸完全像国内贸易一样,遵循自由贸易的原则。但是还有某些例外情况,我们需要花点篇幅来讲解这些例外。

我们必须处理这样一种情况,即本国货币的国际购买力毫无变化的情况下,某国的支付平衡突然恶化(或改进)。

显然,即使世界上所有的国家都遵循充分就业政策,每个国家可能也会发现,它有必要间或单独调整自己的就业水平。这种变化不一定——也不大可能——很大或突然发生;但这里我们研究一下实际变化很明显的情况也是有益的。例如,我们假定就业增加了1%,而且这种情况是发生在英国,英国1938年的情况正是如此;那么国民收入将增加4 000万英镑,此外进口也将增加1 000万英镑①。现在我们简化一下事实(这是非常可能的),假定价格水平保持不变,那么经济扩张对出口就毫无影响,那么所增加的全部进口都被记录在国外支付账户的负方②。

---

① 1938年英国用于消费或投资的所有进口的商品和服务大约平均为20%(见Beveridge, *Full Employment in a Free Society* (1944), footnote p. 214)。

② 从技术上说:该国所有的"需求曲线"都会升高(大约)1%。

显然，不能对如此出现的问题置之不顾，任由自由市场的力量进行再调节。在这种情况下，让扩张国家的汇率深陷到其支付平衡可以被一笔勾销的程度是不明智的。在这种情况下，无论在国内还是在国外，购买力平价都无法建立起来，而且以前建立的平价也将因此而失效。这将会导致本国货币的贬值，并导致出口品的贬值和进口品的升值。贸易条款就会被扭曲，从而不利于流通扩张的国家的居民。

但是货币流通的国内部分和国外部分何以如此不同呢？我们忽略掉外部流程后，"喷发"过程的运行是多么顺利啊！为什么加入外部流通后会遇到如此困难呢？

原因显然是基于这样的事实，即一个国家的政府在扩张本国流通时，却无法向本国公民发行外国货币。本国公民不得不向那些希望购买本国出口品的外国人那里购买外币；而这个过程超越了本国政府的管辖范围。换言之，喷发过程的外来部分——表现为因内部的扩张过程而导致的被动的对外结存（foreign balance）——必须经由外国才能实现，除非那里有足够多的人愿意从进行扩张的国家购买额外的出口品；而且这个过程可能会因外国政府所奉行的——也许是非常合理的——货币政策而受到阻碍。

可以推测，我们可能会看到这样一种情况，即进行国外流通扩张可能会像国内流通那样容易——或者几乎一样容易。假定在国外还存在着大量尚未利用的潜能，并且还假定因此而形成的就业水平能够保持稳定（这是很不实际的）——从扩张流通的国家增加采购的效应除外。这样一来，所有行业都会发生因这种采购而产生的"喷发"效应，并引起人员的再就业和工厂的再利用，以及需求的全面增加——包括对于最初扩张流通的国家的出口品的必要的追加需求。这样一来，外部的货币环就闭合了，由最初的扩张所引发的支付的负平衡也消除了；与"喷发"过程在国内流通中产生完全作用（即储蓄等于投资）所需要的时间相比，这整个过程所需要的时间也许要长一些——因为货币环更宽了。

但是，现在让我们再回到最初的假设，即其他所有国家都追求合理的充分就业政策。这些国家没有更多的余地来容纳从外国增加的就业。它们将通过增加税收和降低赤字支出,来抵消因国外采购增加而产生的扩张效应;这样就取消了一个先前的国内"喷发",其数量等于来自国外的额外支付。(用于被取消的这部分"喷发"的钱将会出售给本国居民作支付之用,而居民的采购行为又会产生"喷发"。)

在这种情况下,货币环的外国部分无法实现一个快速的增加。额外的国内流通是无法通过快速的扩张过程来实现的,但可以通过打破现有的交易环,并用一个包含流通扩张的国家在内的更宽的环来代替它,从而经由国外市场而起作用。这个过程相当于在增加劳动力的国际分配的基础上来重新组织贸易;而且这个过程的开展要通过正常的竞争机制,依靠此竞争机制逐渐地瓦解一种生产和分配形式,并用另一种形式来代替它。虽然这一过程所需要的确切时间难以估算,但可以肯定地说其进展相当缓慢,特别是在充分就业状态下,没有闲置的生产能力可用作从一种生产和分配制度转向另一种制度的媒介时。

为了把这一过程的货币特征讲清楚,我们再回到英国的案例,即扩张了1%的就业,引起了每年1 000万英镑的负平衡。在上一段所讲述的整个贸易调整阶段,每年有1 000万英镑的额外外国支付流出英国,而英国民众则可以不必向外国支付任何东西,就能每年享受到价值1 000万英镑的商品。但事实是,外国的民众会得到英镑余额,他们最终将用这些英镑余额到英国来采购,将来总有一天还是要偿还的。通过偿还,他们可以关闭外部货币环的多余部分——这个多余部分是因为英国扩张1%的就业引起的。

通过这些描述,似乎可以说,我们可以将这整个过程交给市场上个人的相互作用去完成。但这种政策遇到了强烈的反对。首先,外国的民众可能会获得英镑并最终使用这些英镑余额,但他们却无法完全了解可能会影响形势的力量。他们可能不会参与国际对话,而正是通过这些对话,各国政府将讨论有关就业的扩张和收缩的未来趋势。况且,即使他们参与了对话,也很难相信,对英镑的投机活动能够完全满足形势的需要。一个满意的解决方案必须考虑到有关各国的利益。它必须在那些进行货币扩张、在增加国内流通方面所获得了直接利益的国家,与那些因此而受到严重的干扰——很难或很少直接获益——却为了整体利益而同意进行这种合理调整的国家的看法之间进行平衡。利益集团之间正当相互影响在外汇市场的运行中是看不见摸不着的,因此,只有国际政府协调一致的行动,才能实现自由贸易过程。

这可以采取几种不同的形式。可以向过度供应的货币提供财政援助,直到该货币所积累的对外结存(foreign balance)完全消除。此外,因有意识的扩张流通而遭受被动平衡的国家,可以通过暂时的进口限制来放缓在外贸领域的调整节奏。有的出口国希望免于因不平衡的国外采购而受到掠夺,应它们的要求,可以为此而施加关税——这也许有点矛盾。

上一部分已经详细地论述了因一个国家的流通扩张而发生的情况。流通收缩的相反的情况,可以导致与此密切相关却又相当不同的一系列问题。进口会全面下降,出口国会出现负的支付平衡。可以按照上面所论述的某个国家因扩张流通而导致负平衡状况的方式,来处理这种平衡状况。

世界银行。这样我们就认识到,为了维护国际流通,世界划分为不同的民族国家和货币的状况,需要政府施加大量的干预。我们可以设想,通过建立一个世界银行来行使这一职能。

世界银行的任务是收集信息,从而使其管理人员能够观察并尽可能地预见到不同国家之间支付平衡的出现。按照 Balogh 先生最近所提出的标准①,世界银行可以将这些平衡状况划分为"自发"(spontaneous)平衡和"诱导"(derived)平衡。"诱导"平衡就是在上一部分所论述的通过在不同国家对就业水平的再调整而出现的平衡。而"自发"平衡则是因不同国家之间生产设备的逐渐变化以及贸易关系的发展——包括国际投资的流动——而导致的平衡。自发平衡通常只依靠市场力量进行调节;汇率由包括所有货币的自由市场来确定。而诱导平衡是由世界银行来处理的。

---

① 见 Th. Balogh, "The International Aspects of Full Employment", p. 128 (*The Economics of Full Employment*), Oxford University Institute of Statistics, 1944。

对外汇市场的干预过程可以部分地处理诱导平衡。世界银行所能够支配的基金中必须包括所有货币,并用这些货币全部买进诱导平衡。它可以以适当的汇率逐步向公众出售这些余额,以此来促进这些平衡的取消。

在营销所积累的余额的过程中,世界银行会极力避免使所处理的货币贬值到低于购买力平价。但是,有时候人们会有意识地让货币贬值到低于购买力平价,并用由此带来的贸易不平衡条款作为交换,来部分地取消被动平衡。世界银行还可能要求被动平衡逐渐升高的国家做出选择,是将自己的货币贬值、限制进口——很可能是通过普遍施加关税来实现,还是刺激自己的出口——很可能以财政部资助的政府出口的形式来实现。

如果所积累的被动平衡的确具有"诱导"的性质,在处理这些问题上就不会有什么困难。产生被动平衡的新增就业应该能够提供所需要的资源;同时公众的公平意识会有效地支持为支付所需要的进口品而采取的措施,这些措施仅仅是国际货币机构的运作,而不必提供任何服务。

相反,在"自发平衡"的案例中,很可能存在着很大的困难;特别是当技术进步突然剥夺了一个国家的出口市场,而这个国家生计又主要靠这些出口品来维持时。我们再三论述的区域性的萧条就是这种情况。世界银行的官员们将对这种新的"萧条区"的出现持续保持警觉,并呼吁国际社会来关注其困难。贷款和生活津贴将以援助的形式分配给这些区域中的贫困人口,世界银行也将主持这些地区的复兴计划以及向其他国家的人口转移。

所有参与世界银行的国家,在劳动力国际分工的持续发展中都具有相同的利益。虽然他们希望在这种进步中保留军事或文化保护区,但他们从中也会看到很大的获利机会。

在这种概述中还存在着很多不确定性。但他们有理由假定,出席世界银行的不同国家之间存在着很大程度的一致性,从而可以毫不费力地弥补这些缺口。下面这个隐含的假设为这种期盼提供了保障,即所有有关国家都会维持一个稳定的就业水平,并对合理的货币原则保持根本的一致；他们都会将货币看作一种约定俗成的凭证，将公共财政看作是通过发行所需数量的新货币来平衡缺口的，而不是平衡预算的。在这样的共同原则上达成一致后，在对于处理"诱导"的国际平衡什么才是有用的和公平的这一问题上，他们还会在细节上达成一致。

中间方案。在本书撰写之际，就制定合理的就业和汇率政策这一问题，尚不存在一个世界性的共识。在贸易大国中，英国和英联邦也许已接近接受这样一个政策；但迄今为止美国兴趣不大。这个分歧使试图获得一个权宜之计的英国大为焦虑，这个权宜之计就是，即使在美国继续基于预算平衡和固定的国际汇率来处理国内事务的同时，英国仍可以实行充分就业政策。

当然，我们可以考虑这样的结果；但我们不必抱过多的期望。当两个大国在经济原则上出现了严重分歧，让他们携手来解决因这种分歧而将来可能出现的困难是徒劳的。真正实际的解决方案是消除分歧，在根本观点上取得一致。任何时候都不能因为在临时性方案的一些细枝末节上的争论，让达成共识的可能性蒙上阴影，这种临时性方案是与我们所追求的最终关系是冲突的。

我们可以预见的情况可以简要介绍如下：

假定战后英国和其他大部分国家都将实行合理的充分就业政策，而美国仍然按照传统的财政观来处理自己的事务。在这种情况下，不可避免的结果是，来自动用战争储蓄（war savings）的推动力一旦用尽，美国就会陷入萧条。美国将会在世界市场上节制采购，并导致世界大多数国家与美国之间产生负的支付平衡。实行充分就业政策的国家在对美出口受到严重限制后，就无法获得美元用来继续从美国采购，就不得不应对一个严峻的形势。

假定一个旨在处理此类紧急情况的世界银行业已建立。世界银行应做些什么呢？它能够有效地资助这个因美国的衰退而产生的"诱导"平衡吗？这几乎是不可能的，原因如下。

（假定）在美国不情愿在自己国内为就业而直接提供资金的情况下，

很难想象它自己会为这个平衡来提供资金。我们很难设想,美国会持续地向外国提供大量贷款,让它们有能力按照一个美国认为完全不可靠的原则来管理金融事务。对于这一原则,他们是如此深恶痛绝,他们宁愿看到自己的经济陷入衰退,也不愿用这种方法来挽救它。此外,在这种情况下,美国对这种平衡问题的资助,不可避免地会被看作是美国对发生平衡问题的国家的一种贷款,这种贷款会使被资助的国家产生过度依赖。这些国家必须拒绝接受这种贷款。

其结果自然是,世界银行就无法阻止其他所有国家大量削减从美国的采购。而且由于这些国家会急于尽可能地维持自己的就业水平,他们必然会将本国人民本想在美国花掉的钱,转到与美国无关的流通上。这样做的方法有好几种,其效果都差不多。因此,美国之外的国家会让自己的货币对美元贬值;或者对美国的商品施加关税;或者以只能在美国之外花费为条件,向欠发达国家贷款。这些措施的效果肯定会受到限制,因为在很短的时间就想把世界大部分的货币流通转入其他的渠道是不可能的。

无论如何,事先讨论美国的这种可能性是没有用处的。如果美国继续依赖于正统的经济(当他们的经济陷入萧条时,这一点就会得到证实),他们就会继续相信,大规模失业是由贸易限制引起的;就不能指望他们赞同一个观点完全不同的政策。他们难免会将所采取的这些对他们进行贸易歧视的措施——因而也加重了他们国内的萧条——简单地看作是自私的、恶意的和敌视的行为。以前任何的协议都无法改变这一看法,因为这种看法是自成逻辑的。

另一方面,如果我们认为现在这个正为全世界所接受的货币政策的现代原则是正确的,我们必然期望这些原则能够在美国传播,并很快为美国人所接受。虽然这对于阻止美国的下一次萧条来说可能太晚了,但萧条的发生肯定会引导美国人认可这一原则。要建立一些新的机构,并通过国际会议来详细地讨论未来的政策是不合理的,因为就目前的人类预见性而言,这些机构还仅限于一个单独的未来事件;而且这个事件在细节上也是无法预见的,且无法预先及时地调整对该事件的反应措施。

无论是为了保持清醒的头脑,还是为了在提前发现事实方面有重大突破,合适的做法是集中精力来阐述并传播这些能保证经济扩张随处可行的原则。

第六章
现有提案的标准

凯恩斯思想的扩散。学术界很快就接受了凯恩斯对失业问题的分析。今天,在《就业通论》出版八年之后,英国几乎所有的大学都赞成凯恩斯学说,并将其纳入大学教程。无论在英国还是在国外,该理论都经由大学广泛地渗透进受教育者的思想。在我们今天所研究的存在失业的地方,我们能广泛地感觉到根据凯恩斯思想所采取的措施。

这里我们正在见证,在亚当·斯密学说的边界上,重新建立一个国家的财富取决于其技能和自然资源的说法。人们不再把缺乏金钱作为节俭的充分理由,除非他们看到一个满意的就业水平已经实现。1931年曾积极参与为救治当时普遍存在的经济衰退而发起的经济运动的同样一伙人,现在可能会激烈地反对这一政策,并在同样的形势下赞同大量政府支出的政策。人们有这样一个普遍的感受,即当存在着普遍失业时,将英镑、先令和便士看作是"毫无意义的符号",并不是一件太离谱的事。

我们还看到,英国政府在几乎普遍的赞同之下接受了维持充分就业的责任。无论是在英国还是在美国,大家都一致认可,政府能够消除失业——尽管在美国,很多企业仍然认为,他们应自己解决这一问题。

在英国,几乎所有的业已发表的消除失业的计划——当然,还有那些更重要和更富影响的此类文件——都是以凯恩斯思想为依据的。他们每个人都主张,应该用政府支出来弥补有效需求的不足。他们还常常提到经济萧条时期不平衡预算的可能性,他们大部分人都认为这是必要的。所以,在各种情况下接受一个连贯的凯恩斯政策已经具备了很好的基础。但迄今为止我还没有看到,有任何人提出了这样的政策。

当前的建议。 在对当前的建议进行概述之前,需要对理性的货币和失业概念的早期提倡者表示感谢。凯恩斯之前的学者像 J. A. Hobson 和 Sylvio Gsell 在这方面的贡献是无可争议的,而且在凯恩斯的《就业通论》的第二十二章也得到了承认。不太突出的货币改革者也值得我们的感谢;正如凯恩斯对 Major Douglas 所表示的敬意:和他的部分正统的对手相比,他有"资格获得这样的评价,即至少他对我们经济系统之中的悬而未决的问题并非完全没有意识"。怀有这种"货币奇想"的人还有很多。

这些前辈们之所以没有获得普遍的认可,部分原因是基于这样一个事实,即在他们的时代他们势单力薄,没有像凯恩斯那样得到经济学家思辨倾向的广泛支持。但我们也必须承认,他们的理论框架即便从乐观角度看也是笨拙而漏洞百出,从而无法攻破持正统学说的学者的辩护。在这种情况下,那些随着时间的推移逐渐失去价值的、"饰有浮雕图案的货币"(Sylvio Gsell),以及在公民之间免费分配货币的建议(Douglas, Townsend),都没有被当作解决失业问题的对策也就不足为怪了。由于缺乏可信的理论依据,这种建议注定被人看作是不切实际的夸夸其谈;鉴于它事实上还严重违反了社会公平原则,情况就更是如此。

根据凯恩斯理论而提出的第一个建议,亦即采用本书所提倡的通过发行货币来解决失业问题的方法,是由 Jams E. Meade 先生于 1938 年在他的一本小册子《消费者信誉与失业》中提出的。在该书中,虽然他无比清晰地详细阐述了这一方法,但由于缺乏中性原则,他的论述并不圆满。他所提出的把分送货币作为社会服务的一个补充,并以此来弥补流通不足的建议，与这一原则有尖锐冲突。在经济萧条期，它赠与了某个阶级的人们一种他们本不应获得的收益。以这种专断的方式来赠送收益的方式，与它所要替代的失业状态一样令人讨厌。

在英国最近出版的解决失业问题的文献中，其中最有影响的都是一些小册子。下面是最权威的此类作品的一个名单：由《经济学家》于1943年1月出版的《充分就业》；由 Lever Brothers 和 Unilever Limited 于1943年出版的《失业问题》；《时代周刊》1943年夏发表的关于"充分就业"的十篇文章；Barbara Wootton 于1943年9月出版的《充分就业》；由纳菲尔德学院(Nuffield College)于1943年出版的《就业政策与战后工业组织：一种看法》；一群费边社社员于1944年2月出版的《防止普遍失业》（还有连同就业状况调查一起呈交给 William Beveridge 爵士的证据）；由 B. Seebohm Rowntree 于1944年在伦敦（为自由党）出版的《充分就业的代价》；1944年5月英国政府白皮书《就业政策》。同一时期，还出版了一些书籍，值得一提的是：G. D. H. Cole 的《充分就业手段》(1943)，以及最近的 William Beveridge 爵士的《一个自由社会的充分就业》(1944)——此书的手稿刚刚杀青。

所有这些出版物在发展凯恩斯政策方面都有自己的优点，这里我们仅关注其中的两个文献，它们对公共事务的影响超过了其他的文献，即英国就业白皮书和 William Beveridge 爵士关于充分就业的著作。

英国就业白皮书。下面是英国政府的就业政策所依赖的主要的改革措施：

公共投资，无论是在时间上还是在数量上都要谨慎计划，以便抵消私人投资的不可避免的波动。(43c)

公共投资的含义可以定义为"由中央政府、地方政府或公共事业公司所作的在建筑物、机械、道路和其他耐用设备上的资本支出"，与此相对照的是"在当前服务上的公共支出"，它是由公共机构用于教育、医疗、国防等方面的支出——不包括建设支出。(43b)

除非我们假定"公共投资"认同"由预算赤字来支持的公共投资"，否则,这样一个政策是无法操作的(而且总是非理性的)。但该文件明确地不认同这个说法。这种在商业意义上非营利性(例如,道路、学校、公园)的公共投资只有"在一定限度内"通过贷款来筹集,正如下面这一原则所规定的:"(至少)在一个较长时期内预算必须平衡。"这就说明,用来填补私人投资空白的公共投资,或者用当前的税收来筹集,或者用未来的税收偿还的贷款来筹集。在前一种情况下,结果是就业没有增加或只有相对很少的增加①;在后一种情况下,暂时的就业增加是以损害稍后的就业水平为代价的。

假定现在人们已完全意识到了这些事实,且政府政策会根据下面的原则进行修正:

> 对于以预算赤字来筹集的公共投资,无论是在时间上还是在数量上都要谨慎计划,以便抵消私人投资的不可避免的波动。

显然,只有预算赤字本身需要作为计划措施的影响因素来加以计划,以抵消私人投资的波动。但是,一旦这一步做到了,政府计划就显得明显不合理——至少目前的形式是这样。如果你需要一个预算赤字,为什么还要费劲地制造一个用来花费这些赤字的新的支出项目呢;而且为什么要花费在"建设"项目上,而不是"现有"项目上呢?这些问题是没有答案的。白皮书提到了习惯和传统,但是,当我们的任务是按照新的经济理论来审视和改革财政习惯时,这些提法就是毫无意义的。

假如这个反对意见得到了认可,且政府计划再次得到了修正,从而改为:

> 无论是在时间上还是在数量上,对预算赤字都要谨慎计划,以便抵消私人投资的不可避免的波动。

---

① 比较前面的第52—53页。

第六章　现有提案的标准

这最后一次修正将使这个计划完全合理,但还会使它与下面的原则激烈冲突:"(至少)在一个较长时期内预算必须平衡。"政府白皮书中的图表(我们复制在前面的第 21 页)说明,两次大战期间较高的平均失业水平,让人们没有理由期待,上面所计划的预算赤字能够得到弥补。由此造成的预算赤字用未来的税收来支付的规定,使得"通过预算赤字计划来抵消私人投资波动"是不可能的。后一种计划方法是完全确定的;虽然有时也会导致预算平衡,但它显然是与下面通行的观点不一样的:即无论是长期还是短期,预算必须平衡。

也许有人会说,政府在采取一系列行动的时候都进行了很好的咨询,尽管这些行动不一定是完全合理的政策,但对公众来说似乎是有道理的。

我们可能会问,在不违反传统的稳健财政(financial soundness)理念的情况下,仅仅通过维持那些通常由贷款筹集的公共投资的增长率,政府是不是就无法实现其目标呢?的确,这将会不可避免地引发国债的不断增加,但却总是有一个与此相当的实实在在的建设成就。所发行的每一期政府债券,都会有新增的电厂、铁路或公路,或新建的医院和学校来平衡。将建设性的公共支出与"当前"的公共支出加以区分的不合理性,是否现在就可以抛弃——并让公众不再注意它呢?假定这些钱是以常见的政府贷款的形式借来的,而且每一笔交易后都会留下一个由砖和灰浆建成的实实在在的成果,那么难道预算赤字(如果限定在适度范围内)的实际积累在没有违反习惯和传统观念的情况下也不为公众当前的情绪所接受吗?难道人们抵制程度较低的东西不是这样吗:也许公认它不是一个完美的方法,但更容易被公众接受,因而它实际上与那些更符合逻辑、但因为它激进的财政主张而导致人们恐惧和困惑的政策相比更有用?白皮书的作者很可能就是这样想的,所以我们对它要细细斟酌。

此类计划的根本性的障碍,存在于个人消费和集体消费这两个领域之间的牢固的关联。当经济状况普遍好转时公共支出通常会增加,而当经济萧条时公共支出会减少,这是一个常识,而且得到了 Richard Stone 所绘制的关于 1929—1940 年美国收入剧烈波动的图的证实。而且似乎是完全合理的。当需求增加时,公用事业公司和半商业性的企业自然会扩大生产。电力需求越多,供应也就越多;当新电话的申请增加,所铺设的电话线和安装的电话机就会增加。繁荣状况还会增加对教育和各种医疗保健的需求。这也导致了道路需求的增加,提供了城镇规划的紧迫性。这也强化了人们对于公共事业不足的焦虑,比如教育、医疗状况的落后,贫民窟的持续存在等。如果一个政策试图打破这种关联,且正好在经济发展的最低潮使公共支出增加到最大——特别是在建设方面的支出,那么这个政策就是公然违反所有的经济理性的。

由于这种关联,我们需要再一次记住,我们有充分的理由认为,在西方国家,和平时期的就业状态即使在鼎盛期也是不能令人满意的。因此,对政府计划的正确理解应该是,公共投资的扩大任何时期都应该进行:虽然相对较好的经济状况下扩大的量可能不太大,但在普遍衰退期,应该增加额外的数量(其数量有时等于最高时期的私人投资总量)。

假定我们在一个相对繁荣的状态下来启用这个新政策,比如说在1938年,当时英国的人口是1 500万人,失业率是13%。为了将这个数字降低到比如说4%,亦即将失业人数从大约190万人降到65万人,就需要每年增加公共投资(用贷款筹集)大约2.5亿英镑①。如果像1932年那样的严重衰退发生,这个数量需要增加到比如每年4.8亿英镑,而在像1929—1939年那样的一般年份(估计平均失业人口为200万人,计划降低到50万人),大约每年为3亿英镑。

我们必须将这一结果与公共机构和铁路等通常在追加资本物品上的平均每年的支出进行比较,例如,此类支出在Bretherton、Burchardt和Rutherford②所研究的1926—1938年是每年2.58亿英镑。因此,在相

---

① 这种计算是基于7 000万英镑的预算赤字能减少注册失业人口30万—35万人。参见Bretherton, Burchardt 和 Rutherford, *Public Investment and the Trade Cycle in Britain* (1941), p. 91;以及 p. 83。关于针对就业水平的这种假定的贷款投资的更详尽的分析,参见 Beveridge 的附录 C 中的 N. Kaldor 的 *Full Employment in a Free Society* (1944), p. 363。我们所估计的1929—1939 年平均预算赤字为人均300英镑,与 E. F. Schumacher 对于战后英国的估计不谋而合。参见 *The Economics of Full Employment*, Oxford University Institute of Statistics (1944), p. 102。

② 参见 Bretherton, Burchardt and Rutherford, Public Investment and the Trade Cycle in Britain (1941), pp. 407、419。

对较好的年份，比如说1938年，公共建设会翻番，在衰退出现时又进一步增加到了通常的三倍，这样就能够使其平均值超过其当前平均值的两倍。

这一政策对当前可消费国民收入的影响，就是将使后者每年增加数少于3亿英镑[①]，也就是说相当于以前的数值的8%。这样，我们所提出的政策，旨在于大约整个下一代中，在住房、道路、通讯、医院和学校、电器安装和燃气工程方面，安装当前通行的标准的两倍来满足我们的一切需要——而同时，在满足我们的其他要求方面（例如食品、服装、燃料、娱乐、教育、医疗保健等）将保持现有的水平。这两个不同领域之间供应比例的变化即使在普遍繁荣时期也是引人注目的，而当经济趋于衰退时它会更加突出和令人瞠目。在萧条时期我们所要建设的砖、灰浆、铁路和公路路面方面的财富水平与当前消费的比例，应该比其他时期高出三倍。

此类方案将使我们不得不在少数情况下采取一些比例失衡的做法，现在我们就设想一下这种情况。以我所在的大学为例。我们的十间实验室将被扩大到二十间；但同时在学生和教工数量以及研究经费方面却不会有明显的增加。隔壁的医院现有5层，将被扩大到10—12层，而病人和医生的数量以及可移动的设备都保持不变，而且服务、职工以及燃料、油料和电力的消耗都不会增加。学校建筑也会以同样的方式扩大，教室将增加一倍，走廊会加长、加宽，楼梯会大幅度加宽，但教工和学生数量以及其他所急需的支出项目却不会增加。

同样的建设运动应用于公用事业显然是很荒诞的。在顾客和消费水平没有变化的情况下，让电站、加油站、供水设施、邮局和电话局——包括其设备和线路网络——的规模翻番，就多此一举。也不能不顾需求毫无变化的事实，大量而持续地扩大铁路和公路设施。

扩大住房有时可看作是公共投资领域的事，在这个领域，可以进行大量的支出而没有饱和的危险。但没有人愿意在没有增加收入从而可以购置更多的家具、煤炭和电力、陶瓷用品以及对家庭主妇有用的其他物品的

[①] 以乘数为2来进行计算；参见上面第76页引自 Bretherton, Burchardt and Rutherford 的段落。

情况下,在一个比现有住房多一倍房间的房屋中居住。当然,也存在着一些贫民窟居民,即使他们没有兴趣,也应该强制他们接受更加卫生的居住条件。但如果在用于其他用途的收入基本不变的情况下来大量扩大住房,大多数人都会认为这是对资源的可耻的浪费。

我们必须认识到,为了满足我们人类不同的需求以及满足生产性企业运转的各种需要,对我们资源分配的调整是一件多么微妙的事。某一组资源——仅选择用来制造砖、灰浆和建筑工程的材料为例——供应的大量增加难免让公众感到义愤。这也不是一件能够轻易克服和忘掉的事。新建筑和新机械——如铁路和公路——的累积,难免会引起维修和更新费用的大量增加。公众很快就会发现,他们花费了大量的人力却获得了一大堆无用的东西,而且为了维护这些东西他们每年要增加1亿英镑的额外负担。

如果事实证明未来的情况与1919—1939年普遍存在的情况相类似,英国政府的计划很快就会产生这样的情况。实际上,我预测,因这些拟采取的政策而产生的难题,尚不足以引发这样的结果。我所做出的公共投资完全通过贷款筹集的假设,肯定与现行的财政习惯有明显的不同。按照通行的财政,所需要增加的公共投资的量比我所估计的要多——也许要高出25%。此外,我还没考虑强大的收缩力(contracting force),如果对这些投资的量每年都持续增加,这种收缩力就会出现。假定每年新增的公共投资在3亿英镑的基础上按2%①的比率递增,25年之后每年的多出来的投资额将达到1.5亿英镑。为了使政府政策上的这些收缩流动再流通,如果按照传统的方式筹集,大约至少还需要每年1.5亿英镑的追加公共投资。

我们还要补充一点,即要让承担履行公共支出任务的企业达到一个合理利用公共投资的水平,如果不是不可能的话也是一件相当困难的事。不顾明显的需求而进行规模庞大的公共建设,此类政策会不可避免地激

---

① 根据从公共工程信贷理事会(Public Works Loan Board)的借款的归还期限估计,Ursula K. Hicks 在《1920—1936年英国政府财政》(*The Finance of the British Government, 1920—1936*)(1938)第131页的表格中有类似估计。

第六章 现有提案的标准

发管理上的草率和专断方式,导致违法和腐败。

不,英国政府的政策没有遇到微小的抵抗,也没能在不冒犯公共舆论的情况下消除失业,它将很快产生最糟糕的异常结果。如果一个制度仅仅为了将货币带入流通而公然浪费国家劳动力和资源,人们对它会非常愤怒。我们可以再回想一下,罗斯福政府的新政(W. P. A)以及希特勒当局最初几年的德国,是如何为了刺激流通而使公共投资稍微超过正常的需求的,以及就这点小事是如何在美国引发了对"虚假工作"和"无端浪费"的怨言,甚至在专制的德国引发了对"金字塔式建筑"的抱怨。

从英国就业白皮书的第 62—65 段可以看出,在通过调节公共投资的时间和数量来消除失业上的困难,并没有逃离人们的视线。但因为白皮书中所提议的另外的方案,或者众所周知地毫无效力(就像是对出口和私人投资的刺激一样),或者只能导致就业水平的均等化,而不是就业水平的提高(就像社会保险费的反周期变化),所以我们认为,实际上政府的确依靠公共投资政策来消除失业,对此前面我们已经作了分析。

我们需要附带说明的是,我们所提出的这种方案的最危险的性质如下,即它树立了一个仅仅为了将货币带入流通而扭曲经济生活的范例。如何限制这种非理性的、专制的措施,也没有先例可循。白皮书里有一个预示,它建议分期付款式的方法应该根据贸易状况来管理。这就意味着,在贸易萧条时期应该放松当前限制这种做法的规则,鼓励分期付款。这样看来,似乎仅仅为了把更多的货币带入流通,就允许贫穷的和没有经验的人承担更大的风险。另一个范例是在制定 1944 年的预算报告时财政大臣宣布的,即相对于积累储备金,对用于重新投资的利润实行减免税。这样一来,仅仅为了将货币带入流通,就诱使商人们将安全警戒线降到通常认为的合理的水平之下。

在这样的先例中,政府中的每一个利益相关者都能够获得政府援助。任何一个阶级或职业团体都会声称,他们所花的钱和别人一样有效率,并证明他们应为此而获得补贴或保障。任何人都会以这种借口来要求放宽这样那样的规则。而政府一旦接受了这样一个原则,即为了刺激消费,经济生活的程序和规则都可以作实质性的更改,它就没有理由来抵制这样的要求。它也没有足够的依据对相互竞争的利益集团的要求进行裁决。压力集团之间非法的、不道德的争斗随后就会发生,打着把更多的货币带入流通的幌子,每一方都试图让自己的提议压过别人,并以自己的方式来扭曲经济生活。

William Beveridge 爵士论就业。本书初稿的完成是在 William Beveridge 爵士的《一个自由社会的充分就业》一书出版之前。这里将我自己的观点与这本重要文献的论点作一个简要的对照是很有意思的。

首先我非常赞同作者明确反驳反对不定期增加国家债券的流行看法。虽然他不幸赞同通过出售有息政府债券——这无疑会增加人们对未来利息支付水平的恐惧——来巩固国家债券的责任,但他毅然反驳,此类困难不足为惧。

该书提出了充分就业的三种途径(第142页):

第一条途径:增加公共费用,并保持税率不变。

第二条途径:增加公共费用,并全面增加税收,使其足以平衡公共收入和支出。

第三条途径:全面降低税率,公共费用保持不变。

Beveridge 摒弃了第二条途径,他认为这条途径"仅仅是一种理论上的而非实际的可能性"。(前面我也曾说过(第52页),一般地说,即使作为一种实现充分就业的理论上的可能性,我也不认可第二条途径,如果应用于萧条状态,它将一无用处。)

在作了一些论证之后,Beveridge 也摒弃了第三条途径:主要是因为它"将使巨大的社会弊病更加顽固"(第151页)。

这样,就只能接受第一条途径,并借此进行重大的社会变革。它还就所有可能的花费渠道提出了具体行动议案(第157页):用于私人消费的花费;用于联合消费的花费;商业投资——私人部门;商业投资——公共部门;社会费用。在此名目下还列出了包含所有这些项目的方案:社会保障;国家保健服务;食品营养;燃料和其他必需品;教育;城镇和农村规划,住房和交通。建立一个"从总体上规划公共和私人投资"的国家投资理事会是计划的一部分；基本消费品的补贴制也是计划的一部分。

Beveridge 的看法与英国就业白皮书的看法不谋而合，都靠增加公共支出来提供就业。他们之间的主要差别是，Beveridge 摒弃了白皮书对赤字日益增加的忧虑，他还不同意在私人投资的停滞期来实施公共工程，相反，他认为，应该通过投资理事会的作用，让私人投资保持一个平稳的水平。Beveridge 认为，为克服"贫困、疾病、肮脏和无知的弊端"而需要坚决而又急迫地增加公共支出和公共干预，而且他的方案要比白皮书激进得多；但这并不是原则上的差别。

与 Beveridge 的观点和建议相比，我的观点如下。我同意应该抛弃第三条途径；但并不是因为它对许多社会弊端于事无补，而是因为它企图固定公共支出水平：在我看来，这个问题不应该包含在充分就业计划之内。在他看来，采用这种方案所确定的公共支出水平几乎肯定是过低的说法是不正确的。我也以同样的理由来反对第一条途径，它几乎可以肯定地会将公共支出确定在远高于公众所期望的水平上，也就是说，它偏离了对就业问题的考虑。

Beveridge 的书是基于这样一种信念，即"如果政府承担起为充分就业而保证足够的总支出的责任，它还要关注投资的方向"（第 186 页）。"如果没有完全的权力，政府就无法承担充分就业的责任。在所有可能的支出项目范围内，它应该有充分的权力来根据形势调整政策"（第 187 页）。根据我的理解，这就意味着，政府在向公民提供维持日常商品交易所需要的货币、保持工业持续发展的同时，它还拥有了指导这些活动的新的职能和权利。这就意味着，失业人员不允许进入闲置的工厂，商人们也不允许重新从事商业活动，除非公众首先认可了公共责任的范围的扩大，而 William Beveridge 爵士（或负责保障充分就业的其他机构）所期望的公共责任的范围的扩大，是公众所不愿意采用的。

本书所要反对的正是这种逻辑关系。通过指出仅仅为了维持流通他们就改变了支出的方向，以及这种方向转移是对社会财富的浪费，应当受到谴责，注定会让人反感——甚至会让人有（它所试图消除的）失业的感觉，此前我就反对过这种政策。我一直主张，如果某个政策和经济，将刺激货币流通的预期措施作为满足集体或个人对公共财政的需求——或者对于削弱商业活动的法则——的正当措施,那么该政策和经济就无法避免腐败和混乱。

现在需要补充的是,自从我开始撰写我的观点以来短短几星期的经验——在此期间 William Beveridge 爵士关于充分就业的书开始在英国公众之中产生影响——已经充分证明了将充分就业政策与某一社会改革方案结合起来所带来的混乱。可以毫不夸张地说,Beveridge 所认为的实现充分就业的部分必要条件,即增加公共支出、使收入更平等、对私人投资和私人消费进行更有效的监督等措施,已经为英国民众所广为接受。很少有人认识到,这些只不过是 Beveridge 等人借机宣扬的措施,虽然这些措施与实现充分就业毫无关系。例如,在降低公共支出的份额、扩大收入不平等以及减轻公共消费的义务的同时,也可以实现充分就业。

这种混乱对于期望实现充分就业的计划是一个强烈的刺激。但即使这项计划是完全好的,以扩大在失业的性质和对策上的混乱为代价来促进这项计划也是错误的。因失业而导致的问题是如此多样、困难和难以预料,如果对问题的认识是虚假和偏颇的,则任何的公共舆论都无济于事——也无法有效地来支持、批评和引导政府来应对这些问题。

我一直认为,对一个复杂社会的治理要明确划分成一些部门,每个部门都要遵循明确的规则。如果社会的每一个机构都把公共利益作为一个整体来看待,而不受任何明确的权限和规则的限制,就没有一个标准来确定哪些问题应该归咎于哪些部门,以及应该让哪些部门来解释自己的具体职责。因此,只有通过明确地划分权限,并服从一些具体的规则,才能够责任明确地进行社会治理;只有这样,公共舆论才能够监督、引导政府的职能。我认为,充分就业政策应根据其不同的特点来分别实施;也必须这样做。在这一问题上我所提倡的中性原则,是政治、经济相分离的原则的一个变体。后一个原则最近有点名声扫地:部分原因是坚持这一原则的人滥用这一原则来禁止政府履行其人性化的责任;部分原因是基于马克思社会主义的影响,它削弱了有序分权的意识,而分权本身就可以使社会免于专制、腐败和压迫。我们必须再次恢复对这原则的敬意。凯恩斯在资本主义体制中发现并定义了一种不和谐现象(批评家们对此早已有所察觉),这种不和谐现象自动地阻止资本主义社会实现充分就业。这就要求政府作为货币制度的保护人来改变自己的职责,以便弥补凯恩斯所定义的这个缺陷。这一任务是新奇而棘手的;由此而产生的问题,因我们时代错误的观念以及前些年所采用的不正确的措施而加剧了。在这种情况下,迫在眉睫的是应该清楚地说明政府承担责任的新理由。要做到这一点,有一个明显、清晰而又简洁的方法:实现充分就业的政策首先必须是关于充分就业的——而不是关于其他问题的。把社会保障、平等、效率等问题,交给有能力处理这些问题的其他政府部门来处理。社会不同部门之间的协调工作是必不可少的——但这与在政府部门之间不存在任何的分工是两个完全不同的问题。

但这个问题中还有一个方面的情况需要处理。曾有人认为——特别是 William Beveridge 爵士——要实现充分就业,单靠货币措施是不够的,因为额外需求的方向与发现失业的方向可能是不一致的[①]。虽然 Beveridge 承认,至少从长期来看,工人们应该会根据需求的变化来变换职业,但他同时还认为,还应该通过在适当的公共工程中雇用他们来让他们摆脱失业。他要求政府应该规划特别的公共工程,并控制私人投资,以期降低失业。

我怀疑提出这种建议的人是否详细考虑过这些建议的细节问题。我认为,今天大家普遍认为,不必借助于除普通的货币措施之外的任何措施,我们备受其害的长期萧条就能够得到克服,经济繁荣状态——一种类似于资本主义初期商业活动高峰的繁荣景象——就可以永久维持。同样明显的是,为维护充分就业而扩大的货币流通的限度,主要取决于因劳动力需求的上升所造成的对货币稳定的威胁,即劳动力需求的上升可能会引起因价格和工资增长而导致的急剧通货膨胀。因此,假定劳动力有一定的流动性,以及假定控制工资的措施是行之有效且公众能够接受的,则为了满足当前需求而又不引起持续的工资上涨所需要维持的失业劳动力

[①] 见 Sir William Beveridge, *Full Employment in a Free Society* (1944), p. 185。

数量,大体是固定的。在这种情况下,对于那些如果没有保障措施就会失业的那部分人来说,任何保证他们就业的公共保障措施,其代价必然是货币流通的减少,然后导致就业再次降低到以前的水平。

然后我们所面对的将是下面的形势。首先,由于普通商业活动的水平较高,对私人产业进行公共援助的正当理由比记忆所及的任何时候都少。其次,失业将降低到这样一个水平,即此类公共援助对于普遍提高就业水平毫无效力。我们还可以补充第三点,通常周期性的波动已经消失,只有这种波动存在的时候,向某些产业提供公共援助才有某种合理性,因为它们的萧条是暂时的。任何财力不足的企业都有很好的理由来要求公共援助,如果政府部门此前向其他企业提供了公共援助,它就不能拒绝另一个企业的此类要求。对私人产业部门的援助,即使救援的呼声急迫,而且情况也非常适合采用这种特别的救助措施,在产生效力的同时,总会引起人们对保护无效率机构、支持垄断和背后受到利益集团的操纵的愤恨。因此,如果没有正当理由进行干预以及对于此类干预缺乏一个合理的标准,我们应当反对为了未来的最大货币流通状态而建立这样一种干预制度。

这种方案掩盖了这样一种事实,即要大规模地消除失业只能采取非平衡的公共支出。事实上,当 Beveridge 主要根据非平衡支出的手段而完成的关于失业的报告试图采取并强调这样一种方案,即按照此方案,政府应当保障某一受到重创的产业继续发展时,它就放弃了其合理的理由。考虑到受它影响的重要原则和它所引发的政治情绪,它注定会产生某种危险的错误观念。

第七章
总结和更宽广的视野

理论的用途。 当 19 世纪初期为自由贸易之战胜利结束、旨在进行社会改革的人道主义运动主导着前进的步伐时,古典经济学原理的拥护者并没有支持这一运动,而是经常反对这一运动。过去 100 年左右所取得的进步,是在有意识地忽视经济学正统观念的情况下实现的。

今天情况有了变化。能够结束理论教学和实际进步需要之间的艰难冲突,并通过重新认识经济事务特别是货币问题来支持一个伟大变革,是我们这一辈的殊荣。现代经济学已经达到这样的程度,即对所要采取的行动已经有了一个明确的看法。一个大胆而又注重现实平衡的改革时代即将到来。

在最后一章中我将再次阐述主要的指导原则作为新的开端。但在此之前还会遇到一个难题。有这样一种倾向,即在公共事务中贬低理论的指导、对简单的方案持不信任态度,特别是在英国。现在我已经完全认识到,对于社会、国家和良好的政府的基础,可能仍然模糊不清;我还看到,这个未说清楚的、纯粹传统的政府基础的构成要素,已经适时地进入了公共事务的各个领域,深入到其具体事务之中。我知道英国文明在避免了法国的唯理论和德国的深奥之后所取得的伟大成就。我认识到了知识过多的危险,不久还会谈到对自由贸易理论如此不信任的那些夸大之辞。我怀着感激之情,回想起沙夫茨伯里(Shaftesbury)伯爵所领导的人道主义运动,是如何通过嘲弄他们时代的经济科学的原理而做出了很大贡献的;以及后来人们如何任由它作"货币奇想",并通过最不充分的论据——却是极其正义地反叛统治性的正统理论——来保持活力的。但我还是认为,此类经验只能用来警告正统理论的自以为是,而不应该使我们对系统的思考及其在公共事务中的应用产生偏见。

无论如何,英国的公共生活从未受到清晰阐述的思想的引导或成功的引导的看法是错误的。在任何国家的历史中,可能都没有像英国19世纪的前六十多年那样,经济理论对公共生活产生如此持久而深远的影响。亚当·斯密及其后继者都是当时首屈一指的英国经济政策大师。Hammonds描述了"亚当·斯密和马尔萨斯是如何与西塞罗(Cicero)和维吉尔(Vigil)那样在议会辩论中变得赫赫有名的"。虽然亚当·斯密的部分影响毫无疑问有点过大且有害,但其主要内容造就了现代英国工业繁荣的基础。另外一个例子是边沁(Jeremy Bentham)。最典型的"知识分子"就是边沁了;他的学说对英国法律和行政改革的影响程度,任何国家的历史上都没有人与之匹敌的。不能否认,这些影响是非常有益的。边沁死后三十年Henry Maine爵士写道:

> 在进行改良时,一个明确的追求目标对一个国家或行业的重要性,怎么说也是不过分的。在过去三十年中,边沁之所以对英国产生巨大影响,就是他成功地在这个国家前面设置了一个目标。他给了我们一个明确遵循的规则。

可以肯定地说,在有关公共政策事务上,有意识地拒绝考虑新的理论以及由这个理论而得出的符合逻辑的结论,既应受到理性的谴责,又有悖于英国政治生活的优先地位。直觉性的智慧必须毫不含糊地得到证明。一定要避免不切实际的夸夸其谈:但不能以纵容理性的软弱和胆怯为代价。

第七章　总结和更宽广的视野

但困难仍然存在——至少在现代金融理论的应用上是如此。某些经济学家和实际工作者虽然意欲让现代金融理论来指导其政策,但也不会公开强调这一点。他们不希望通过提出一个直白的货币扩张政策而引起民众不必要的震惊。他们认为最好的办法是政府以一种隐蔽的方式来采用这一政策,而同时假装仍然坚持正统的金融理论。他们认为,鉴于现有的在货币方面的误解,这是唯一可行的方法;没有一个政府能够以另外的方式来维持权利,也无法让商人们保持执行政策时必不可少的足够信心。他们似乎相信,只要政府所做的事最终是大体正确的,它是否从头到尾地假装坚持错误的原则是无关紧要的。

我认为这种做法并没有什么好处。一个愿意采用不平衡的预算来消除失业的政府(不论是否有意识地)却仍然宣称这种方法是不牢靠的,那么这种做法最终的坏处要多于好处。他只能拖拖拉拉地在情况变得很糟时才采取行动,而且它最终所采取的行动将不可避免地"太小、太晚"。此外,因此类行动所产生的好处还有非常不可靠的危险。情况可能会像1931年的英国那样,最终摒弃了以前的做法,通过放弃金本位制而采取了恰当的金融措施——只能使商业信心遭受严重的挫折,引发全国性衰退的普遍情绪。

大的社会问题,很少能够在民众毫不知情、不征求民众意见、不让公众的批评来指导政府、不让公众的合作来支持政府的情况下暗中解决。失业问题当然也无法以这种方式来解决。例如,一个被误导的公共舆论将无法理解,他们为什么要忍受如此大量的剩余性失业;要减少这种剩余何以需要以越来越多地限制货币的使用为代价。他们就会要求一些不可能做到的事,在迫使政府原地打转的同时以一个谎言来掩盖另一个谎言,从而维持一个仍然坚持他们所认可的原则的假象。

今天,一个民族的精神健康是更加重要的,因为精神健康比肉体健康更加微妙。如果人们能够明白自己所做的事,他们就会任劳任怨,但如果他们感到茫然而漫无目的,即使在相对舒适的条件下他们也会反抗。因此,在人们尚未明白的情况下去贯彻一个理性的就业政策是毫无益处的。在面临此类问题时,应让他们有机会理性地、有意识地和负责任地参与进来。

当前的情况。那么现代经济理论能对世界做出什么贡献呢？什么贡献也没有——除非这个世界拒绝接受蛊惑人心的政客的免费承诺。吃蛋糕的计划有很多，做蛋糕的计划也有很多，经济理论总是一门揭露这种假象的乏味的科学（Dismal Science）。只有充分认识到我们的局限，我们才能将精力集中于有效的改革。

为期百年的对资本主义理论和实践的无休止的反叛行将结束。这种反叛也最终结出了果实，即凯恩斯发现了在资本主义制度下对货币流通的调节根本性的不足。我们有幸可以依靠这个新的基础来发展；但除非我们首先使我们脱离所有的虚假起点，脱离百年毫无成效的反叛所遗留给我们的徒劳的幻觉，否则我们就无法得到适度的发展。

我看到，这些幻觉今天体现在了社会主义思想之中，它承诺通过将资本国有化而纠正所有经济弊病，而且我认为，如果我们要理性地运用凯恩斯对经济思想的更新，就必须完全抛开这种承诺的诱惑。从19世纪中期以来，马克思的社会主义就成了现有的资本主义状态的一个最根本的替代方案。在这个世纪更替时期①，它的学说已为欧洲大陆大多数"左倾"人士，以及英国很大一部分"左倾"人士所接受。在20世纪内随着时间的推移，社会主义运动几乎吸收了几百年的记忆之中所有的进步、人性和智慧的东西。它所做出的承诺非常周全。历史学家和前马克思主义者Franz Borkenau写道："对其追随者来说，社会主义主要的不是一件经济事务。相反，在社会主义中，经济只不过是实现目的的手段。社会主义者希望，社会主义能够带来一个没有不平等、压迫、战争和暴力的社会。他期望着社会主义的到来，标志着人类关系的一个根本变化。他认为这不仅是一件经济事务，也是一件道德、宗教事务。他真心地希望，通过采用社会主义，人类能够发生根本的变化。"②这些马克思主义者的期望是俄国1917年革命胜利的推动力量，并使他们获得了统治庞大帝国的权力。

---

① 指19世纪末20世纪初。——译者注。
② Franz Borkenau, *Socialism, National or International*, p. 34.

第七章 总结和更宽广的视野

只要人们期望以另一种方案从根本上来替代资本主义,这些期望今天就会仍然存活至少是蛰伏在成千上万人的心中。我们的任务就是最终根除这些期望。

这就是从俄国革命之中获得的教训。俄国在1920—1921年尝试建立一个由中央计划和指导的经济的灾难性的失败,以及下面这样一种深刻见解,即它不得不把一些无法变通的东西——而这些东西现代工业体系只有通过商业盈利才能做到——强加于极不情愿的政府身上,都是人类得之不易的教训,并形成未来文明的基础。它告诉我们,不存在对资本主义制度的根本性的替代方案。它粉碎了所有的不为市场而生产的抱负。它永远地破灭了这样一种幻想,即通过通盘考虑所有的要素,一个中央理事会可以指导复杂的现代工业体系。它表明,在行政管理上这样一个问题是绝对无法解决的。它证明了中央政权对现代经济体系无论行使怎样的权力,它都无法指导经济单位的经营;为了不让它们一起停业,就必须给它们自由,并让市场获利来引导它们。它说明了在过去的一百年中,攻击资本主义原则的人都错了,而维护资本主义的人则都对了。

俄国工业的持续国有状况并不能削弱这一结论。的确,对所有的资本和资产,俄国政府仍然起到了控股公司的作用,它排斥了在私有资本主义制度下管理这些资产所必需的那些机构。它不让个人来承担风险,从而不容纳投资市场,而私人投资者正是习惯于借助投资市场来重新估价工业企业,并在这些企业之间配置资本。但是,在一个根据盈利原则来管理企业的制度中,不让个人承担投资风险以及不让市场来引导投资是不合理的——它只能用政治原因来解释。无法用经济理由来解释,为什么比如说蒸汽机所吸收的资源,其管理原则必须不同于像煤炭、劳动力和石油那样能够迅速消耗掉的资源。换言之,为什么耐用生产性资源必须排除在市场之外,而同时却采用市场(虽然受到固定价格的限制)来评价和配置非耐用资源。其理由只能是,政府不愿意放弃承载其政权的制度——虽然有这么多的缺点。

苏联的国有制即使以商业形式来运作,其缺点也是非常明显的。由于个人不必承担风险,以及没有市场来引导资本投资,企业就无法在不陷入国家资本主义的无责任心状态的情况下获得商业独立性。它们不得不处于"经费控制(Treasury Control)"的制度之中,而这种制度既不方便,又不合理;它限制了企业,而事实上又使它们免于破产的威胁。

仍然存在于苏联的这些社会主义残余物不能看作是其根本特征。与资本主义经济相比,苏联经济最突出的优势是它的通货膨胀倾向;资本主义制度下的流通一旦由政府理性地控制和维持,这种差异就会消失。

但苏联被迫从社会主义往后退,给了我们更深远、更广泛的教训。它相当普遍地证明,对企业的法定权力并不能有效地控制企业。独立性对于下属单位的经营来说是必不可少的:在这种情况下,企业必须摆脱中央的指令,以免全部停业。这一原则有效地限制了中央指令的潜在价值——即使假定行政管理是有效率的、健全的——而且解除了很多远超其能力的职责。我们必须严厉肃清某些来自社会主义的思维惯性。今天,即使杰出的学者也常常会轻蔑地说"私有企业方向不稳定"、"无序竞争"等,或者有声望的经济学家通过谨慎的分析指出资本主义的缺陷,它导致了资本主义制度无法产生亚当·斯密视为当然的和谐,并以这种观点为论据来赞成中央控制。这种逻辑现在必须完全摒弃。认识到中央指令的有效性受到严格限制后,我们就再没有理由来假定,当个体经营失灵后,中央指令可以进行补救。如下建议,如"为了稳定私人投资"而建立投资委员会,或者"为了恰当地计算社会成本"将企业国有化——而事先并没有通过对这些工作进行行政管理分析来证明它们可以集中完成——都似乎沉迷于没有事实根据的假设,是社会主义思维习惯的后遗症。以后我们要谨防这种错误。

我们所必须采取的立场是资本主义——资本主义无论多么不完善,多么急迫地需要改革,但任何一个完全不同的制度都无法代替它。

从过去百年反对古典经济学的过程中我们还得到了下面另一个非常不同的教训。我们必须承认正统经济学的追随者——特别是有名气的追随者——因对社会改革所采取的消极态度而犯下的严重的有时候甚至是致命的错误。这一态度在很大程度上是对失业的根源认识错误的结果。政治经济学主张,失业是因为试图人为地迫使工资高于自然的经济水平。

第七章 总结和更宽广的视野

在收入分配上的不应存在不公正,雇主不应对工人进行武断统治,在工厂制度的社会后果上不应有不负责任的情况,是无法以下列理由——借助政治经济学——来维护的,即任何试图对这些缺陷的干预,都会将资本逐出商业,导致劳动力失业。

现在我们拥有了有关就业的正确理论,对这一整套致命的谬论都应该积极地加以反驳。的确,除非每个参与者在做了更有用的工作时都得到奖赏,否则经济体系的运行就没有效率。但在这一点上,他因为遵循了更有用的方式而增加了多少收入并不重要——假定有足够的激励来促使他这样做。总的来说,激励要充分,让他感到奖赏很公正。只有一种情况——固然是很重要的一种——在这种情况下,需要通过客观的标准来为公平奖赏水平确定一个最低界限。除非有了奖励机会,并使这个奖励机会总地来说能够抵消风险,否则我们很难指望人们去承担风险。但是,某一特定情况所包含的风险的程度,以及因承担该风险所可能获得的机会,是如此难以评估,以至于不可能通过采用一个客观的方法,来平衡机会和风险。因此,即使在此情况下,我们不得不求助于我们的公平意识,再次依靠经验来探路。

因此,经济方法决定着奖赏等级的必要顺序,而公正意识决定着等级的幅度(steepness)。工资必须受到劳动生产率的限制;但通过税收再分配可以将收入分配调整到任何被普遍认为公平的程度,从而有利于穷人,包括挣工资的人,而又不损坏经济系统的效率。

为了让社会公平的任何特定的标准得以顺利应用,一个理所当然的必要条件是,需要所有有关人员如果不是普遍接受的话,也要广泛接受,无论是获利者还是亏损者。贪婪和嫉妒应受到充分限制,以便使相同或类似的平等原则让富人、穷人都接受。我们的任务是阐明我们的经济意识,并在其需求上达成足够的一致。在我们时代,大家当然不会认为收入上的平等或接近平等是合理的,因此,平均主义制度,除非限制在很小的一个志趣相投的团体内,否则是注定要失败的。但如果经济正义的标准为社会整体所广泛接受,在一个按照任何的经济正义标准运行的经济系统内是不存在阻碍因素的。

此外,资本主义制度下的财富不平等以及(无论根据什么合理的标准)财富所不应具有的许多好处,都不是因为收入不均,而是因为现有的遗产制度。这个制度并不是私人企业经济系统的一部分。实际上,少数人以股份形式拥有的现代工业财产形式,在财产所有人去世后,能够很容易地使财产所有权得到快速的流转和分散。财产快速的再分配对竞争性私有企业制度来说并不是那么令人反感的,它是其原则的最完美的体现:通过使机会完全平等,它为有才能的人提供了自由竞争的理想天地。

今天,废除遗产制度很可能会引起经济混乱:但原因仅仅是普遍流行的平等观念事实上还无法接受它。大家普遍认为,必须让人们向依赖他们的人提供生计,将一定的财产传给后代,特别是父亲将土地传给儿子,是在保护珍贵的家庭技艺和传统。无论如何,要不是在过去的一些时候进步思想被误导到国有化思想上去,从而对于在资本主义制度下的改革兴味索然——很多社会主义者都把这些措施当作平息反对意见的贿赂——通过限制遗产来达到收入平等和机会平等本可以做得更好。

古典经济学的另一个重大错误——这是本书所重点关注的,是它假定,为使经济系统恰当地运行所需要的货币供应是可以自动调整的。我们必须接受凯恩斯所发现的这样一个事实,即货币供应取决于一种机制,这一机制可能会使货币供应大大不足;在现代西方世界,明确存在着一种流通长期不足以及就业相应地低于一般水平的趋势。我们必须落实公共当局的责任,通过源源不断地注入所需要的新货币来补充货币流通。

从某种程度上说,本研究相当于对古典经济学的下面的这个重大发现进行新的、更广泛的重新阐述,即财富存在于生产和贸易之中,货币不过是覆盖在实物商品交换上的"面纱"。不幸的是,这个发现误导经济学家接受了著名的"萨伊定律",该定律不承认存在着普遍生产过剩的可能性。当人们现在抛弃了这一谬论,并认识到了调节货币流动以满足贸易需求的必要性之后,一系列新的结论就会出现。

首先,第一个结论是,就像得到货币本身并不能增加国家财富一样,政府支出货币本身也不会成为国民经济的负担。如果政府所采取的补充货币流通的行动,会扩大货币问题的范围,可以认为,这些问题与国家的

第七章 总结和更宽广的视野

福利是完全无关的。认识到这一点，自然就会得出"中性原则"：即仅仅为了将货币带入流通，政府必须动用现有的公共支出渠道来发行新货币，却不应该承办新的公共事业，或以任何其他方式偏离经济政策的理想路线。

第二个结论是：由于为了保障必要的就业水平而必须调整货币供应，所以货币不能与黄金挂钩。如果货币流通是为了满足就业政策的要求，它就无法同时满足与现有黄金储备保持固定关系的要求。

第三，我们可以得出这样的结论，即为了上面提到的原因，一个国家的货币不能与其他国家的货币保持固定的汇率关系：任何两个国家之间合理的汇率，都是在两个国家中保持平等的购买力。这种汇率可以通过贸易而自动达成，汇率一旦在国际范围内建立起来，就可以维持国际支付的普遍平衡。

现在，看待关税战争和现代垄断趋势的性质就有了新的视角。应当承认，货币供应与黄金挂钩限制了就业数量。在 19 世纪，这种限制没有现在这么严重(至少在西方是这样)，主要是因为现在的资本饱和，以及更为可能的是因为储蓄率的增加。如果就业总量不尽如人意，其情景必然是在贸易流动量中获得立足点的竞争势必大大加剧。在普遍萧条的状态下，金本位就会使国家之间相互敌视，并迫使它们竞相提高关税，以增加少量的就业。同理，在这种情况下，各个行业会发现，公众赞同它们计划在几个国家之间，通过价格协议和限制生产来保障本行业的就业份额。

凯恩斯理论表明，关税和价格协议并不能创造大量的失业，而取消关税和价格协议也不能恢复充分就业。但相反的说法，即通过限制贸易可以稳定就业也不能成立。限制市场进入等措施，只能保障一个部门的人来维护他们在经济系统的相对安全的部门中的岗位。它对稳定满意的就业水平毫无作用。这样，只要普遍就业水平继续长期而严重地不景气，我们迟早要不可抗拒地采取贸易限制，特别是国家之间的贸易限制。无论是国内还是国外，只有通过合理的充分就业的方法才能实现自由贸易的繁荣；事实上我们可以期望，持久的普遍经济扩张会快速地扭转赞同贸易限制的心态，为实现一个自由贸易的新时代而开创道路。

充分就业状态下的自由贸易是我们的目的。正如亚当·斯密所看到的，自由贸易的目的仍然是保证劳动力在国家、地区和个体生产者之间的最佳分工。自由贸易的理想并不能在实践中完全实现；但即使如此，个体在市场上的商业竞争仍然是对任何令人满意的劳动分工加以调整的唯一机制。总的来说，价格协议和限制产业进入，是笨拙而又不合法的调节产业的方法。它们只能以专制的决策来起作用，这就导致了恐吓和腐败。这种不合法的方法在伙伴国之间应用时，其危害就特别大。它们对国际生活的危害比任何别的问题都大。

不幸的是，不同的民族的货币的必然存在需要一系列的调整，而这种调整不能交由国际市场的自由作用来完成。一旦一个国家调整了其国内就业水平，就导致了其国际采购量的变化，而这种变化正是需要政府采取行动来制约和疏导的。但是，我们可以期望，一旦各国都同意充分就业原则，他们就要共同接受一系列规则，可以凭借这些规则来顺利地达成共同决定，从而处理上面的问题。

自由贸易的新时代必须立足于自愿接受因持续的经济适应和发展而带来的风险，而这些经济适应和发展是我们所必须做的。在一个以广泛、复杂的劳动分工为基础的经济中，不可能保证100%的就业。正如我所写的那样，今天的英国，普遍存在着难以容忍的过度就业状况，而仍有4万多已注册的工人在职业介绍所寻找工作。平常的数量还要多；没有一种可靠的方式来消灭这一剩余，而同时又能维持我们所赖以生存的复杂经济。工人们必须接受这一点；商人和投资者也不能规避其承担风险的职责。即使在合理的充分就业的条件下，仍然存在着大量的商业风险，这是追求事业的人所必须承担的。

我们必须面对可能陷入"困难地区"的风险。一国内部某个地区的经济衰退，甚至整个国家的经济衰退，并因此而失去了所赖以生存的海内外客户，应该看作是经济发展的正常风险。社会能够也必须对受到冲击的人群进行救济，但这不包括让他们用救济金来购买已经变得不经济的商品。

在自由市场和计划经济的争论中，我明确地倾向于前者。我真诚地赞成"看不见的手"对生产单位之间的相互调整的指导。我拒绝接受计划经济的思想倾向,我认为这是从我们西方文明的道德危机中所散发出的堕落的征兆。但我还是提出了一些很多人可能会称之为"计划"的措施。如果我们把"计划"理解为放弃——无论在什么场合——经济科学通常认为不可避免的所谓的自动作用(automatism),并用政府行动来替代它,那么我所赞同的显然就是"计划"措施。收入和财产的分配已经被看作是正当的法律问题,政府负有维持恰当的货币流通水平的义务。虽然我认为私有财产对于我们经济的运行是极其重要的,但我仅仅根据财产对社会的用途——以及根据其有用程度——来接受财产权利。我还认识到,未来的繁荣在很大程度上取决于对经济管理的理解和经济管理技能,我还设想,未来的政治家要在经济生活的运行方面承担一定的责任,这种责任远远超过以前。议会不能仅仅就公共支出和分摊公共支出的负担投票,还应该将国内收入分配当作其年度决策的议题。此外,它每年还应在理想的货币流通水平上做出重大抉择,并决定接受相应的剩余性失业的额度。为了减少汇率波动所必需的此类决策与外国的政策之间的协调,应该成为公共经济政策的新任务的内容。

除非人们对其政府有了新的信任,并在对政府的要求上表现出新的制约和责任,否则这些制度就不可能有良好的作用。信任和制约之间是密切地相互依存的。当人们信任自己的政府时,他们就不会通过过度的部门需求来损害政府的政策。另一方面,如果他们感到自己没有获得公平的所得,他们自然就会不顾一起地攫取任何好处,而不管对全体利益的损害。信任的前提条件是有一个明确的、现实的、普遍理解的和所有人都能够基本上接受的政策。因此,将现代经济理论和政策毫不犹豫地全方位地呈现给公众恰逢其时,虽然他们起初可能有些困惑。

附 录

附录 I

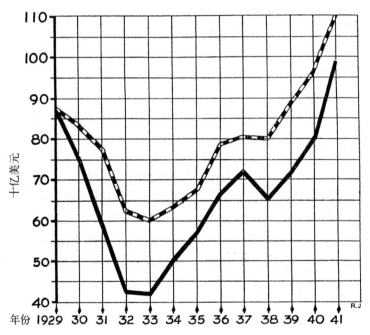

图 5　1929—1941 年美国国民收入图（名义的和实际的）

图中实线是名义收入（和 16 页的图 3 一样）。虚线（数据来自于 1935、1936 年和 1941、1942 年的国际联盟年鉴）是按照批发指数计算的实际收入；1929 年＝100。

附录Ⅱ* 税收收入在不同类别和来源之间的大致分配百分比(1938)

	美国		英国	
	联邦	州	中央	地方
酒类、烟草	7	2	17	—
关税	4	—	8	—
销售税	—	7	—	—
汽车	2	8	7	—
所得税、利得税	21	—	35	—
遗产税	—	5	8	—
地方税	—	33	—	20
工资税ϕ	5	5	4	—
	大约 40	60	大约 80	20

* 非常感谢 U. K. Hicks 女士让我应用上表中的数据,这是她为自己的新书而收集的数据。

ϕ 在英国是社会保险税,在美国是工资税。

附录Ⅲ

根据 Colin Clark① 引用的苏联《手册(1936)》,苏联固定资本总值 1928 年估计为 494 亿卢布(p.18),1934 年估计为 1 120 卢布(p.39)——按 1933 年价格计算。如果按照投资商品,卢布的购买力是 36 卢布兑 1 英镑(p.38);因此,1928 年和 1934 年的固定资本总值分别为 13.8 亿英镑和 31 亿英镑。18.2 亿英镑的差额除以 6 年,每年的平均净投资率为 3.03 亿英镑;Colin Clark(p.40)估计,国民收入总额 1927—1928 年为 29.23 亿英镑,1934 年为 35.46 亿英镑;每年的平均净投资率为 9.4%。

任何一个国家都不可能在一年到另一年之间将它的大部分收入突然用于投资。即使最全面的重整军备运动,在开始的大约两年之内也无法

---

① 见 *Critique of Russian Statistics* (1939)。括号中的数字是出版年份。所有的英镑数额都是根据英国 1934 年的价格计算的。

做到这一点,因为只有新的工厂有目的地建立起来后,国家才能大规模地调整发展方向。农业国和工业国相比就更是如此。像匈牙利、罗马尼亚和俄国这样的农业国家在1914—1917年战争期间的营养水平几乎没受影响(参见俄国的牲畜表)。新投资的主要来源是:(1)现有重工业的生产;(2)进口。Colin Clark(p.38)估计,在我们所研究的时期之初,即1927—1928年,苏联的重工业生产估计每年为3.05亿英镑(p.38),其中8300万英镑需要用来冲抵当前的折旧和修理(p.19)。1934年,重工业产值增加到了7.38亿英镑(p.38),其中(至少)2.47亿英镑需要用于折旧等项目(p.41)。在整个五年计划期间,进口机械估计为1亿英镑[①]。因此,很难理解,在1928—1934年每年的平均投资是如何达到3亿英镑以上的平均值。此外,这一时期前期的投资率要低于后期。据Colin Clark(p.40)估计,1933年和1934年的投资额为268亿卢布,等于7.4亿英镑,使1928—1932年每年的平均投资达到了2.7亿英镑——或相当于平均国民收入的8.5%,而这一期间,前苏联总体的苦难遭遇是最大的。

1928—1934年的9.4%和1928—1932年的8.5%的数目,与Colin Clark最近计算的俄国一系列投资百分数是极其一致的[②]。他算出的1925—1930年的平均净投资百分比是7.8%,1934—1937年的百分比是14.2%。

---

① 参见M. Polanyi, *The Contempt of Freedom* (1940), p.80。
② 见Colin Clark, *The Conditions of Economic Progress* (1940), p.406。

图书在版编目(CIP)数据

充分就业与自由贸易/〔英〕迈克尔·波兰尼(Michael Polanyi)著;张清津译.
—上海:复旦大学出版社,2011.9
(西方经济社会思想名著译丛)
书名原文:Full Employment and Free Trade
ISBN 978-7-309-08314-9

Ⅰ.充… Ⅱ.①迈…②张… Ⅲ.①货币理论②劳动就业③自由贸易
Ⅳ.①F820②F241.4③F741.2

中国版本图书馆 CIP 数据核字(2011)第 150380 号

充分就业与自由贸易
〔英〕迈克尔·波兰尼(Michael Polanyi) 著 张清津 译
责任编辑/鲍雯妍

复旦大学出版社有限公司出版发行
上海市国权路 579 号 邮编:200433
网址:fupnet@fudanpress.com http://www.fudanpress.com
门市零售:86-21-65642857 团体订购:86-21-65118853
外埠邮购:86-21-65109143
上海华业装潢印刷厂有限公司

开本 787×960 1/16 印张 9.75 字数 133 千
2011 年 9 月第 1 版第 1 次印刷
印数 1—4 100

ISBN 978-7-309-08314-9/F·1731
定价:22.00 元

如有印装质量问题,请向复旦大学出版社有限公司发行部调换。
版权所有 侵权必究